SKATELINE-GUIDE
München

Esterbauer

skateline-Guide München
© 2003, **Verlag Esterbauer GmbH**
A-3751 Rodingersdorf, Hauptstr. 31
Tel.: ++43/2983/28982
Fax.: ++43/2983/28982-500
E-Mail: skateline@esterbauer.com
www.esterbauer.com

1. Auflage 2004

ISBN 3-85000-113-X

Bitte geben Sie bei jeder Korrespondenz Auflage und ISBN an!

Dank an alle, die uns bei der Erstellung dieses Buches tatkräftig unterstützt haben.

Das skateline-Team: Birgit Albrecht, Beatrix Bauer, Grischa Begaß, Karin Brunner, Anita Daffert, Michaela Derferd, Roland Esterbauer, Jutta Gröschel, Dagmar Güldenpfennig, Carmen Hager, Karl Heinzel, Martina Kreindl, Veronika Loidolt, Mirijana Nakic, J. Andrea Ott, Maria Pfaunz, Petra Riss, Tobias Sauer, Gaby Sipöcz, Matthias Thal.

Bildnachweis: Archiv: 86; Birgit Albrecht: 10, 12, 13, 14, 18, 19, 21, 22, 23, 24, 27, 29, 30, 32, 33, 35, 36, 39, 40, 48, 58, 71, 74, 84; Veronika Loidolt: 86; Fremdenverkehrsverband München/Wilfried Hoesl: 16;

Alle Angaben gründlich recherchiert, trotzdem ohne Gewähr. Alle Rechte vorbehalten. Kein Teil dieses Buches darf in irgendeiner Form ohne schriftliche Genehmigung des Verlages reproduziert oder unter Verwendung elektronischer Systeme verarbeitet, vervielfältigt oder verbreitet werden.

Vorwort

München ist eine Stadt mit unglaublicher Vielfalt. Vom Naturerlebnis in den erholsamen Parks und Gärten der Stadt, über erfrischenden Badespaß an den zahlreichen Seen am Stadtrand, zu den schattigen Wäldern im Süden Münchens bis hinein ins bezaubernde Münchener Umland mit seinen romantischen Zwiebelkirchturmdörfern und blitzblauen Seen – all das lässt sich hervorragend auf 8 Rollen erleben. Ob am Feierabend, am Wochenende oder im Urlaub – reing'schlüpft in die Skates und auf geht's ins Rollvergnügen.

Präzise Karten im Maßstab 1:20.000 und 1:35.000, genaue Streckenbeschreibungen, zahlreiche Stadt- und Ortspläne und Hinweise auf das kulturelle und touristische Angebot der Region – in diesem Buch finden Sie alles, was Sie zum Skaten in und um München benötigen.

Inhalt

Vorwort		3
München		5
Zu diesem Buch		8
Tour 1	Durch die Hirschau	10
Tour 2	Am linken Isarufer	13
Tour 3	Vom Schloss Nymphenburg zum Olympiapark	16
Tour 4	Im Olympiapark	19
Tour 5	Im Westpark	21
Tour 6	Im Ostpark	23
Tour 7	Entlang der Würm	25
Tour 8	Zum Waldschwaigsee	28
Tour 9	Um den Feldmochinger und Fasanerie-See	30
Tour 10	Durch den Lochhamer Schlag	33
Tour 11	Im Forst Kasten	35
Tour 12	Im Forstenrieder Park I	36
Tour 13	Im Forstenrieder Park II	39
Tour 14	Im Forstenrieder Park III	43
Tour 15	Perlacher Forst I	46
Tour 16	Perlacher Forst II	49
	Zur Filmstadt Geiselgasteig	52
Tour 17	Perlacher Forst III	54
Tour 18	Im Grünwalder Forst	56
Tour 19	Zum Deininger Weiher	59
Tour 20	Durch die Pupplinger Au	63
Tour 21	Entlang des Wörthsee	66
Tour 22	Von Dachau zum Waldschwaigsee	68
Tour 23	Oberschleißheim-Runde	71
Tour 24	Zum Speichersee	73
Tour 25	Freisinger Seenplatte	76
Tour 26	In den Amperauen	80
Tour 27	Um den Seehamer See	84
Tour 28	Am Schliersee	85
Tour 29	Auf dem Isarradweg von Bad Tölz nach Königsdorf	87
Ortsindex		91

München

Inline-Skaten in und um München

München ist unter anderem auch als beliebte Freizeit- und Erholungsstadt bekannt. Die vielen Parkanlagen, die Isarauen, die naturnahe Umgebung am Stadtrand und das charmante bayerische Umland laden förmlich ein zu einem belebenden Freizeitspaß am Feierabend und am Wochenende. Die großteils flache Topographie in und um die Stadt eignet sich hervorragend zum Skaten.

Bei den Inline-Strecken in und um München ist für jede Könnensstufe etwas dabei. Die insgesamt 29 Strecken- oder Rundtouren zeichnen sich durch unterschiedliche Schwierigkeitsgrade aus. In der Stadt verlaufen die Touren eben, meist in Parkanlagen auf Rad- und Fußwegen. Im Stadtrandgebiet werden die Touren anspruchsvoller, da die Strecken zum Teil auf normalen, ganz ruhigen Straßen, jedoch ohne Fußweg verlaufen. Hier ist eine gewisse Fahrsicherheit angebracht, um etwaigem Autoverkehr sicher begegnen zu können. Steigungs- und Gefällestrecken kommen aber im Stadtrandgebiet eher selten vor. Auch die Touren im Umland sind meist anspruchsvoller, da hier größere Steigungs- und Gefällestücke vorkommen und die Routen verstärkt auf ruhigen Nebenstraßen ohne begleitende Fuß- und Radwege verlaufen.

Beachten Sie bitte, dass die Touren nicht auf extra ausgewiesenen Skaterstrecken verlaufen und Sie sich die Wege daher mit anderen Erholungssuchenden, also vor allem Radfahrern und Fußgängern teilen müssen. Vermeiden Sie daher am besten Konflikte mit anderen Verkehrsteilnehmern, indem Sie rücksichtsvoll und umsichtig skaten. Vor allem Fußgänger fühlen sich leicht durch die flotte Geschwindigkeit von Skatern verunsichert, ein möglichst großer Abstand ist hier angebracht.

Gesetzliche Regelungen

Das Thema Inline-Skates im Straßenverkehr ist seit jeher ein Problemthema. Dazu gibt es selbstverstädlich gesetzliche Regelungen, die in der Straßenverkehrsordnung verankert sind. In **Deutschland** gelten für den Inline-Skater die Vorschriften für den Fußgängerverkehr. Das heißt Inline-Skates sind keine Fahrzeuge, gelten jedoch als besondere Fortbewegungsmittel.

Für die Praxis im Straßenverkehr bedeutet die Einordnung als Fußgänger, dass Sie mit Inline-Skates eigentlich nur auf Gehwegen bzw. auf Rad- und Gehwegen, in der Fußgängerzone und verkehrsberuhigten Bereichen fahren dürfen. Reine Radwege dürfen Sie nicht befahren. Die Straße dürfen Sie demnach – wie auch der Fußgänger – nur benutzen, wenn kein abgetrennter Gehweg vorhanden ist und dann eigentlich auf der linken Fahrbahnseite. Dem Fußgänger muss

Kartenlegende (map legend)

Die Farbe bezeichnet die Art des Weges: (The following colour coding is used:)

— Skateroute auf Fußweg (skate route / footpath)
— Skateroute auf Rad- und Fußweg (skate route / cycle- and footpath)
— Skateroute auf Straße (skate route / road)

Strichlierte Linien zeigen den Belag an: (The surface is indicated by stippled lines:)

— — sehr guter Asphalt (very good asphalt)
— — guter Asphalt (good asphalt)
· · · mäßiger Asphalt (moderate asphalt)
• • • nicht asphaltierte Strecke (no asphalt)

Punktierte Linien weisen auf Kfz-Verkehr hin: (Routes with vehicular traffic are indicated by dotted lines:)

· · · Route auf mäßig befahrener Straße (skate route with moderate motor traffic)
· · · Route auf stark befahrener Straße (skate route with heavy motor traffic)
— stark befahrene Straße (road with heavy motor traffic)

▶ starke; leichte Steigung (steep; light gradient, uphill)
—3— Entfernung in Kilometern (distance in km)
■ Wegpunkt (waypoint)

Schönern sehenswertes Ortsbild (picturesque town)
( ) Einrichtung im Ort vorhanden (facilities available)
Hotel, Pension; Jugendherberge (hotel, guesthouse; youth hostel)
Campingplatz; Naturlagerplatz (camping site; simple tent site)
Tourist-Information; Einkaufsmöglichkeit (tourist information; shopping facilities)
Skateverleih (skate rental)
Gasthaus; Rastplatz (restaurant; resting place)
Kiosk; Unterstand (kiosk; shelter)
Freibad; Hallenbad (outdoor swimming pool; indoor swimming pool)
sehenswerte Gebäude (buildings of interest)
Museum; Theater; Ausgrabungen (museum; theatre; excavation)
Mühle andere Sehenswürdigkeit (other place of interest)
Tierpark; Naturpark (zoo; nature reserve)
Aussichtspunkt (panoramic view)
Parkplatz; Parkhaus (parking lot; garage)
Schiffsanleger, Fähre (boat landing; ferry)
Haltestelle (bus or tram stop/train station)

Kirche; Kapelle; Kloster (church; chapel; monastery)
Schloss, Burg; Ruine (castle; ruins)
Turm; Funkanlage (tower; TV/radio tower)
Kraftwerk; Umspannwerk (power station; transformer)
Windmühle; Windkraftanlage (windmill; windturbine)
Wegkreuz; Gipfel (wayside cross; peak)
Bergwerk (mine)
Denkmal (monument)
Sportplatz (sports field)
Flughafen (airport, airfield)
Quelle; Kläranlage (natural spring; waste water treatment plant)
Gefahrenstelle (Verschmutzungsgefahr, starkes Gefälle, Stolperstelle) (dangerous section)
Text beachten (read text carefully)
Treppen (stairs)

In Ortsplänen: (in city maps:)
Post; Apotheke (post office; pharmacy)
Feuerwehr; Krankenhaus (fire-brigade; hospital)

Maßstab 1 : 35.000
1 cm ≙ 350 m   1 km ≙ 2,9 cm

0 1 2 3 km

Maßstab 1 : 20.000
1 cm ≙ 200 m   1 km ≙ 5 cm

0 1

	Staatsgrenze (international border)
	Grenzübergang (border checkpoint)
	Landesgrenze (country border)
	Wald (forest)
	Felsen (rock, cliff)
	Vernässung (marshy ground)
	Weingarten (vineyard)
	Friedhof (cemetary)
	Watt (shallows)
	Dünen (dunes)
	Wiesen, Weiden (meadows)
	Damm, Deich (embankment, dyke)
	Staumauer, Buhne (dam, groyne, breakwater)
	Schnellverkehrsstraße (motorway)
	Hauptstraße (main road)
	Nebenstraße (minor road)
	Fahrweg (carriageway)
	Fußweg (footpath)
	Straße in Bau (road under construction)
	Eisenbahn m. Bahnhof (railway with station)
	Schmalspurbahn (narrow gage railway)
	Tunnel; Brücke (tunnel; bridge)

mit gebührender Rücksicht begegnet und gegebenenfalls in Schrittgeschwindigkeit gefahren werden. Radstreifen, die durch eine Farbmarkierung von der Fahrbahn getrennt sind, dürfen nicht von Inline-Skatern befahren werden! Zudem ist das Befahren von Bahnanlagen für Skater verboten. Auf dem Gelände des Bahnhofes sind die Skates abzuschnallen. Keinesfalls dürfen Bahnsteige damit befahren werden.

Beachten Sie bitte, dass bei einem Unfall mit einem Fußgänger Sie als Skater im Zweifelsfall Schuld haben. Eine private Haftpflicht ist beim Skaten auf jeden Fall angeraten.

Infostellen & Websites

Tourismusverband München-Oberbayern, D-81243 München, Bodenseestr. 113, ☎ 089/8292180, www.btl.de/Oberbayern
Fremdenverkehrsamt München, D-80331 München, Sendlinger Str. 1, ☎ 089/2330300.
Bayern Tourismus Marketing GmbH, D-80804 München, Leopoldstr. 146, ☎ 089/2123970, www.btl.de

Landeshauptstadt München, Referat für Gesundheit und Umwelt, D-80335 München, Bayerstr. 28a, www.rgu11@muenchen.de
Deutscher Inline-Skate Verband e.V., D-64342 Seeheim-Jugenheim, Alte Bergstr. 27, ☎ 06257/962236, www.d-i-v.de
www.rollerbladen.de: private, aber sehr gut aufbereitete Site mit nützlichen Infos rund ums Skaten
www.iisa.org: die Website der internationalen Inline-Skater-Association

Anreise mit Bahn, Bus & Auto

Viele der beschriebenen Touren erreichen Sie mit der U-, S- oder Regionalbahn. Wenn ein Bahnhof vor Ort ist, haben wir, wenn möglich, den Startpunkt der Tour am Bahnhof angesetzt.

Informationen zu den Fahrplänen und Fahrpreisen sowohl von Bahn als auch Bussen erhalten Sie im Internet oder telefonisch unter: **Münchener Verkehrs- und Tarifverbund GmbH (MVV)**, D-80538 München, Thierschstr. 2, ☎ 089/41424344

Deutsche Bahn: www.bahn.de, ✆ 01805/996633 (€ 0,12/Min.)
Ein Teil der Touren ist jedoch nur mit dem Auto erreichbar. Parkmöglichkeiten sind in der Nähe des Startpunktes vorhanden. Genaueres dazu erfahren Sie zu Beginn der jeweiligen Tour.

Zu diesem Buch

Dieser **SKATELINE**-Guide enthält alle Informationen, die Sie für Ihre Skatertouren in und um München benötigen: exakte Karten, eine detaillierte Wegebeschreibung, Stadt- und Ortspläne und die wichtigsten Informationen und Sehenswürdigkeiten.

Und das alles mit der **SKATELINE**-Garantie: jeder Meter in unseren Büchern ist von einem unserer Redakteure vor Ort auf seine Skatertauglichkeit geprüft worden!

Konzept

Dieser **SKATELINE**-Guide beinhaltet 29 Touren in und um München. Die Touren sind nach Schwierigkeitsgrad eingeteilt und farblich dementsprechend gekennzeichnet: leichte Touren haben einen blauen Kilometerbalken, mittelschwere Touren einen roten und schwere Touren einen schwarzen. Die Streckencharakteristik zu Beginn jeder Tour gibt einen guten und schnellen Überblick über die Eigenschaften wie Länge, Start- und

Zielort, An- und Rückfahrtsinformationen, Wegequalität und Schwierigkeitsgrad.

Das Thema Fahrtechnik und Ausrüstung wird in diesem Buch nicht behandelt. Dafür gibt es eine Vielfalt an weiterführender Literatur, die Ihnen das Thema Inline-Skaten von technischer Seite her sehr ausführlich nahebringt. Der vorliegende Guide hingegen konzentriert sich auf die optimale Darstellung von Skate-Touren in Karte und Text.

Die Karten

Einen Überblick über die geographische Lage der Region gibt Ihnen die Übersichtskarte auf der vorderen inneren Umschlagseite. Hier sind die einzelnen Touren eingetragen, die dann in den Detailkarten im Maßstab 1:20.000 im Innenstadtbereich und 1 : 35.000 (1 Zentimeter = 350 Meter) im Umland genauestens kartographisch anschaulich dargestellt werden. Zusätzlich zum genauen Streckenverlauf informieren die Karten auch über die Beschaffenheit des Bodenbelages (Qualität des Asphaltes), Steigungen (stark oder schwach), Gefahrenstellen, Entfernungen sowie über kulturelle und touristische Einrichtungen entlang der Strecke.

Die genaue Bedeutung der einzelnen Symbole wird in der Legende auf Seite 6 erläutert.

Der Text

Der Textteil besteht im Wesentlichen aus der genauen Wegebeschreibung. Der fortlaufende Text beschreibt die empfohlene Hauptroute. Diese stichwortartigen Streckeninformationen werden, zum leichteren Auffinden, von dem Zeichen ▬ begleitet.

Ferner sind alle wichtigen Orte zur besseren Orientierung aus dem Text hervorgehoben. Gibt es interessante Sehenswürdigkeiten in einem Ort, so finden Sie unter dem Ortsbalken die jeweiligen Adressen, Telefonnummern und Öffnungszeiten. In Großstädten bieten wir Ihnen allerdings nur eine Auswahl der wichtigsten Sehenswürdigkeiten an.

6,5 km — leicht

Tour 1 — Durch die Hirschau

Die Hirschau, der nördliche und ruhigere Teil des Englischen Gartens, eignet sich hervorragend zum Skaten. Vom Seehaus aus führt ein asphaltierter Weg in anmutigen Kurven entlang eines idyllischen Bächleins bis hin zum Aumeister. Der beliebte Biergarten lädt zu einer gemütlichen Rast ein.

Länge: 6,5 km (Rundtour)

Start & Ziel: Englischer Garten/Seehaus

Wegequaliät: Kategorie gut. Asphaltierte Wege, teilweise ist der Asphalt ausgebessert; einmal muss ein unbefestigter Weg gequert werden, kurz vor dem Aumeister ist der Weg mit Rollsplitt ausgebessert und direkt beim Biergarten gibt es nur Kieswege

Verkehr: Es gibt keinen Kfz-Verkehr

Schwierigkeit: Keine Steigungen

Englischer Garten – Kleinhesseloher See

Englischer Garten/Hirschau

Der Englische Garten ist ein Lieblingskind der Münchner. Auf einer Breite von bis zu einem Kilometer und auf einer Länge von rund 5 Kilometern, inklusive der Hirschau, erstreckt sich die vorbildliche Parkanlage entlang des Isarufers. Ein buntes Treiben herrscht zu Sommerszeiten in dieser grünen Oase, die schon Ende des 18. Jahrhunderts (1789-1792) angelegt wurde. Der reformfreudige, aber nicht unbedingt beliebte Karl Theodor beauftragte den Amerikaner Benjamin Thompson mit der Planung des Parkgeländes, anfangs eigentlich für militärische Zwecke gedacht. Seine heutige Gestalt wurde dem Englischen Garten jedoch von dem Gartenbaumeister Friedrich Ludwig von Sckell verliehen, der in diesem Park seine Visionen einer perfekten Parklandschaft freien Lauf ließ und auch verwirklichte.

Das eigentlich Besondere dieses Parkgeländes war damals jedoch die freie Zugänglichkeit für die Öffentlichkeit. Aber auch für die heutige Zeit ist die Freizügigkeit, mit der der Park genutzt werden kann, eine Besonderheit.

Die Wiesen sind frei zugänglich, im Eisbach kann gebadet und „gesurft" werden und auch Skater dürfen sich hier zu Hause fühlen.

1 Kleinhesseloher See   0 km

Schon zu Beginn des 19. Jahrhunderts gab es am nördlichen Rand des Sees eine Art Ausflugslokal, seit 1985 tummeln sich die Münchner nun schon im Biergarten des „neuen" Seehauses. Wem das zu langweilig sein sollte, schippert einfach mit einem Boot auf dem Kleinhesseloher See herum.

Hinter dem Biergarten des Seehauses den Schildern zum Isar-Radweg folgen ~ unter dem **Mittleren Ring** hindurch ~ wenn der Isar-Radweg und die Schilder zum Gasthaus Hirschau rechts abzweigen, dann geht es noch geradeaus weiter ~ dann bei der nächsten Möglichkeit rechts ~ in Kurven weiter ~ vor der Brücke rechts halten ~ dieser Weg durch die Hirschau, den nördlichen Teil des Englischen Gartens, ist asphaltiert und schlängelt sich anmutig neben dem Bach dahin.

Tipp: Achtung, es gilt dann einen unbefestigten Querweg zu überwinden.

Über den unbefestigten Weg ~ dann über eine Steinbrücke.

Tipp: Kurz vor dem Aumeister ist der Asphaltweg mit Rollsplitt ausgebessert. Und das kurze Stück nach der Brücke zum Aumeister ist auch gekiest.

An einem Querweg rechts zum beliebten Ausflugsbiergarten Aumeister über eine Brücke.

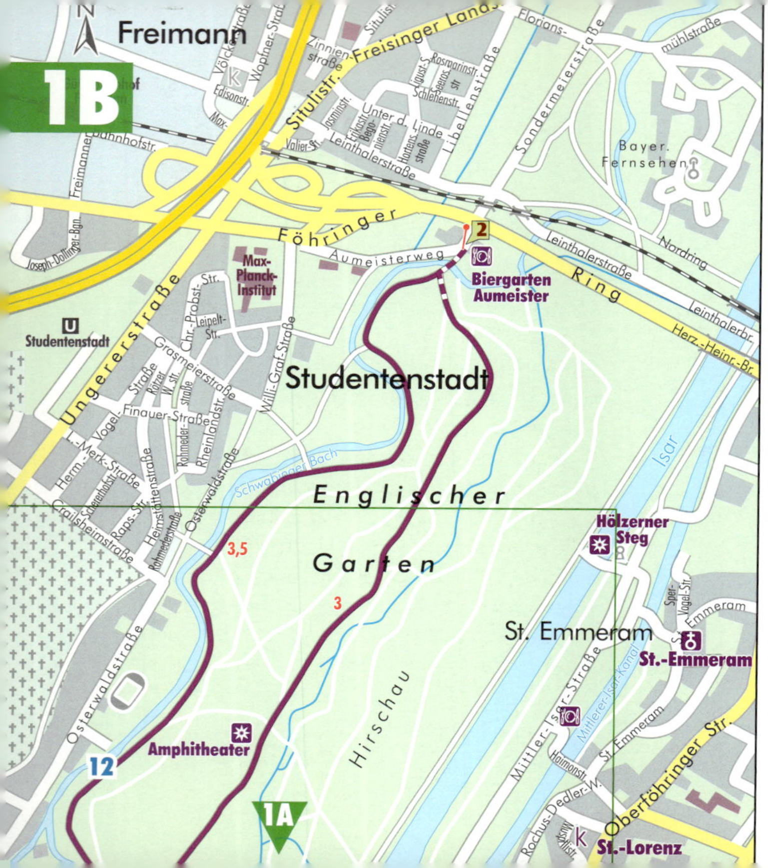

2 Biergarten Aumeister 3 km

Aumeister, ☏ 325224, ÖZ: tägl. 10-23 Uhr. Der Aumeister, ein Jägerhaus, wurde ursprünglich für die Heger der Hirschau errichtet. Heute ist darin ein Biergarten sowie ein Speiselokal untergebracht.

Hirschau – Aumeister

Tipp: Für die Rückfahrt zum Seehaus können Sie auch den westlichen Weg benutzen. Hier sollten Sie jedoch darauf achten, dass ab dem Ernst-Penzoldt-Weg der westliche Weg durch die Hirschau unbefestigt ist. Man kann den Weg davor nach links abzweigen, das sind zirka 200 Meter unbefestigt. Wer das nicht will, muss auf demselben Weg zurückfahren.

3 Kleinhesseloher See 3,5 km

Tour 2 – Am linken Isarufer

8 km — *leicht*

Diese 8-Kilometer-Tour zeichnet sich durch hervorragend asphaltierte und meist breite Rad- und Fußwege aus. Hier kommen sich die verschiedenen Verkehrsteilnehmer kaum in die Quere. Die Route verläuft immer in Isar-Nähe. Auf dem Weg bietet sich ein Besuch des Deutschen Museums an.

Länge: 8 km (hin und zurück)

Start & Ziel: Prinzregentenstraße/Haus der Kunst

Wegequalität: Gesamtkategorie sehr gut. Der Asphalt ist glatt und nicht schmutzgefährdet. Nur ein kurzes Stück verläuft auf einem schmäleren, gepflasterten, aber trotzdem befahrbaren Fußweg

Verkehr: Die Skaterstrecke verläuft immer auf Fußwegen bzw. auf Rad- und Fußwegen

Schwierigkeit: Keine Steigungen. Einzige Schwierigkeit ist das Queren der Hauptstraßen

Tipp: Wenn Sie die Isarauen und den Flaucher besuchen möchten, dann sollten Sie normale Schuhe im Rucksack mitführen, da die Wege bis zur Isar dann nur noch gekiest sind.

Isar-Badeparadies Flaucher

1 Haus der Kunst/Prinzregentenstraße 0 km

Haus der Kunst, ✆ 211270; ÖZ: tägl. 10-22 Uhr. Das in der letzten Prachtstraße Münchens zu findende Haus der Kunst wurde von 1933-37 errichtet. Im Westflügel ist die Staatsgalerie moderner Kunst untergebracht, in den anderen Räumen sind wechselnde Ausstellungen zu sehen.

Die Prinzregentenstraße wurde von Prinzregent Luitpold Ende des 19. Jahrhunderts in Auftrag gegeben. Entlang dieser „Münchner Prachtstraße" reiht sich ein kunstgeschwängertes Gebäude ans andere: das Haus der Kunst, das Bayerische Nationalmuseum, die Schack-Galerie und die Villa Stuck.

Startpunkt ist das **Haus der Kunst** am südlichen Ende des Englischen Gartens ~ von hier aus über die Straße und dann links auf den Fußweg ~ zur Isar ~ vor der **Isarbrücke** rechts auf den breiten Rad- und Fußweg entlang der **Widenmayerstraße** ~ bei der **Maximiliansbrücke** geradeaus auf den nun zeitweise etwas schmäleren und gepflasterten Fußweg.

2 Maximilianeum 1,5 km

In der zweiten Hälfte des 19. Jahrhunderts von Maximilian II. in Auftrag gegeben und von

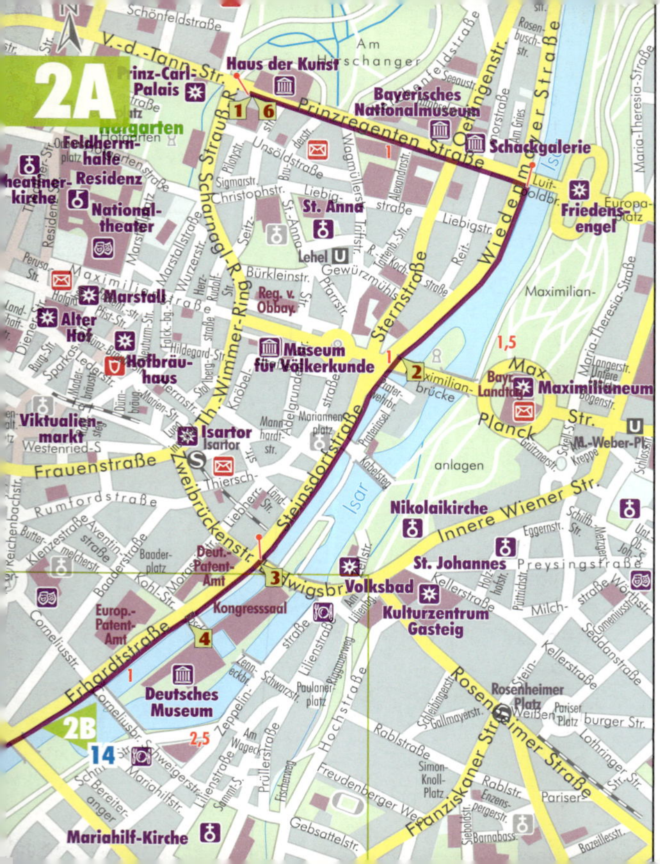

Friedrich Bürklein und Gottfried Semper ausgeführt, war das eindrucksvolle Gebäude ursprünglich eine Bildungs- und Unterrichtsanstalt für die Elite Bayerns. Seit 1949 ist das Maximilianeum der Sitz des Bayerischen Landtages.

Auf diesem Bodenbelag geht es dann fast bis zur Ludwigsbrücke.

Tipp: Am anderen Isarufer liegt das Volksbad und auf der Insel das Deutsche Museum.

3 Volksbad 2 km

Das Müllersche Volksbad wurde Ende des 19. Jahrhunderts erbaut und gilt als eines der schönsten Jugendstilbäder Europas. Schöpfer des architektonischen Juwels ist Carl Hocheder, Financier ist der Ingenieur Karl Müller.

4 Deutsches Museum 2 km

PLZ: 80331; Vorwahl: 089

Deutsches Museum, Museumsinsel 1, 21790, ÖZ: Mo-So 9-17 Uhr. Größtes technisch-naturwissenschaftliches Museum der Welt. Experimente und Demonstra-

Maximilianeum

tionen zum Selbstbetätigen. Kostenlose Führungen und Vorführungen.

Ein Besuch des weltweit größten technischen und naturwissenschaftlichen Museums ist ein Muss für jeden Münchner und München-Besucher. Welches „Münchner Kindl" wurde nicht schon in jungen Jahren mit ins Deutsche Museum „geschleppt" und welch einen bleibenden Eindruck hat das Museum hinterlassen: ein Museum mit Dingen zum Anfassen und zum selbst ausprobieren – ein denkwürdiges Erlebnis nicht nur für Kinder.

Über 17.000 Exponate bringen dem Besucher die technisch-naturwissenschaftliche Welt auf pädagogisch-didaktische Weise näher. Das ganze Museum ist ein Kunstwerk für sich, selbst das Bauwerk ist eine Meisterleistung des Ingenieurs Oskar von Miller, da das Gebäude auf einer Insel in der Isar mit feuchtem, weichem Untergrund errichtet wurde – und das zu Beginn des 20. Jahrhunderts.

In der Zwischenzeit wurden einige Bereiche ausgelagert: die Themen Luft- und Raumfahrt sind in Oberschleißheim untergebracht (s. Tour 23) und im „Forum der Technik" (Kongressgebäude) erwartet Sie ein IMAX-Kino und eines der modernsten Planetarien der Welt.

Ab hier nun wieder auf einem breiten, gut asphaltierten Rad- und Fußweg bis über die Wittelsbacher Brücke hinaus.

Tipp: Weiter südlich geht es zu den idyllischen Isarauen und dem Flaucher. Die Wege sind hier jedoch nur gekiest.

5 Isarauen und Flaucher 4 km

Ein weiteres Heiligtum der erholungssuchenden Münchner sind die Isarauen südlich des Deutschen Museums. Je weiter man nach Süden vordringt, um so ruhigere Wiesenplätzchen sind am Isarstrand zu finden. Und soll eine Grillparty am Isarufer steigen, dann findet das traditionell auf der „Badeinsel" Flaucher statt. Gerüchten zufolge soll der Flaucher auch ein kleines Paradies für Nacktbadende sein.

Auf demselben Weg geht es zurück zum Haus der Kunst.

6 Haus der Kunst/Prinzregentenstraße 8 km

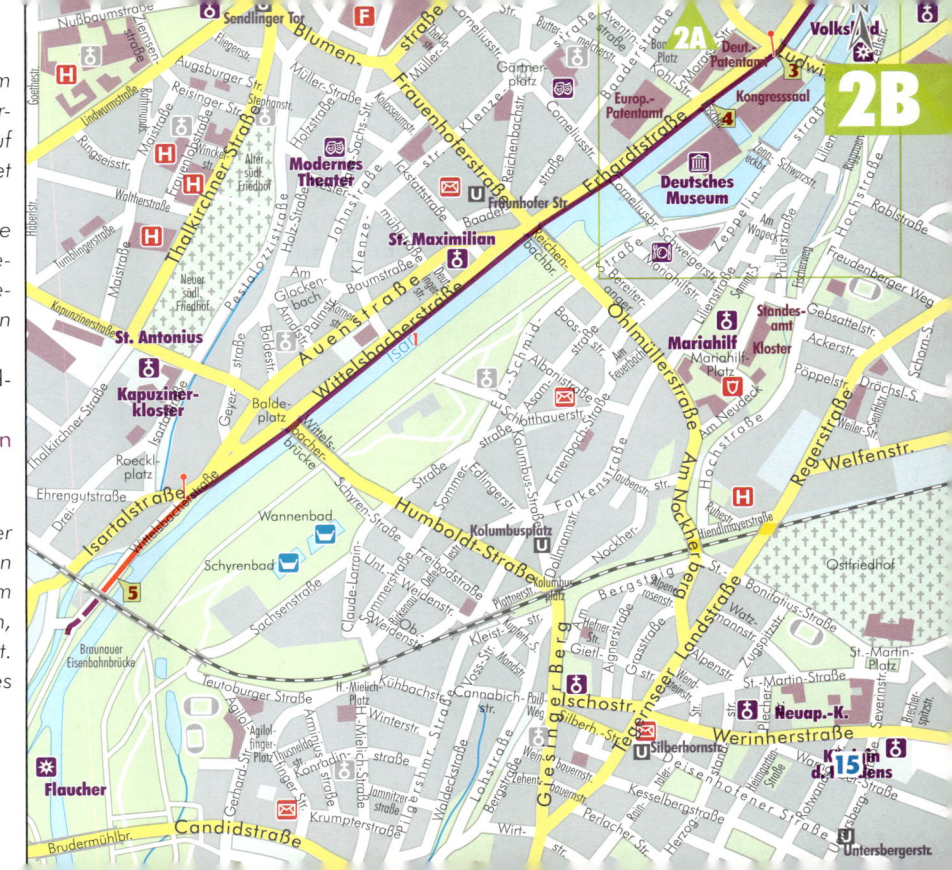

7 km *leicht*

Tour 3 — Vom Schloss Nymphenburg zum Olympiapark

Startpunkt der Tour ist das beeindruckende und sehenswerte Schloss Nymphenburg. Auf gut asphaltierten Straßen und Wegen geht es idyllisch am Kanal entlang, meist schnurgerade und sehr gut befahrbar für Skater. Ziel ist der Olympiapark, der mit seinen sehr gut asphaltierten Wegen ein kleines Eldorado für Skater darstellt.

Länge: 7 km (hin und zurück)

Start: Schloss Nymphenburg

Ziel: Olympiapark

Wegequalität: Gesamtkategorie sehr gut. Der Asphalt ist glatt und nicht schmutzgefährdet

Verkehr: Die Skaterstrecke verläuft auf Fußwegen bzw. auf Rad- und Fußwegen, teilweise auf ganz ruhigen Nebenstraßen

Schwierigkeit: Keine Steigungen.

Kombinierbar: Anschluss an Tour 4

1 Schloss Nymphenburg 0 km

Schloss Nymphenburg, ☎ 089/179080, ÖZ: April-Sept., Di-So 9-12.30 Uhr und 13.30-17 Uhr, Okt.-März, 10-12.30 Uhr und 13.30-16 Uhr

Marstallmuseum, ÖZ: April-Sept., Di-So 9-12 Uhr und 13-17 Uhr, Okt.-März, Di-So 10-12 Uhr und 13-16 Uhr. Das Marstallmuseum ist die ehemalige Hofwagenburg der Wittelsbacher. Es sind Kutschen, Schlitten, Geschirre und Reitausrüstungen ausgestellt.

Porzellanmuseum, ☎ 089/179080, ÖZ: April-Sept., Di-So 9-12 Uhr und 13-17 Uhr, Okt.-März, 10-12 Uhr und 13-16 Uhr. Das Museum zeigt die Produktion der Porzellanmanufaktur Nymphenburg ab seiner Gründung 1747.

Museum Mensch und Natur, ☎ 089/176494, ÖZ: Di-So 9-17 Uhr. Das Museum besitzt eine bemerkenswerte Sammlung, außerdem sind ständig verschiedene Ausstellungen zu sehen.

Botanischer Garten, Menzinger Str. 65, ☎ 089/17861310, ÖZ: Mo-So 9-11.45 Uhr und 13-16.30 Uhr, im Sommer: Mo-So 9-19 Uhr. Der botanische Garten ist äußerst vielfältig, es gibt Gewächshäuser mit exotischen Pflanzen, einen Alpenpflanzengarten, einen Rhododendronhof und einen Frühlingsgarten.

München, Schloss Nymphenburg

Das Faszinierende an Schloss Nymphenburg ist das harmonische und bezaubernde Ensemble von schön gestalteten Bauwerken und dem idyllisch angelegten Parkgelände. Heute ist der Schlosspark eine grüne Oase in der großen Stadt, die von Münchnern und Touristen gleichsam mit

Olympiapark – Fernsehturm und Olympiastadion

Vorliebe besucht wird. Schloss Nymphenburg wurde im 17. Jahrhundert als Sommerresidenz errichtet, ein Geschenk des Kurfürsten Ferdinand Maria an seine Gattin Adelaide zu Ehren der Geburt von Max Emanuel. Die Bauarbeiten am Schloss sowie am Lustschlösschen Amalienburg, der Badenburg und der Pagodenburg dauerten bis ins 18. Jahrhundert. Unter Karl-Theodor wurden die Schlossfassaden restauriert und der ursprünglich barocke Garten wurde unter den begabten Händen des Gartenbaumeisters von *Sckell* in einen englischen Landschaftsgarten umgestaltet.

An der Gestaltung der Schlossanlage hatten viele namhafte Künstler ihren Anteil: Agostino Barelli und Enrico Zuccali lieferten die Pläne für den Mittelbau der Schlossanlage, Joseph Effner erweiterte die Anlage und baute die Pagodenburg, die Badenburg, die Magdalenenklause und beaufsichtigte einen Teil der Kanalbauten. Von François Cuvilliés stammt das Lustschlösschen und Rokokojuwel Amalienburg.

Startpunkt ist das **Südliche Schlossrondell** vor dem Schloss Nymphenburg ∼ vor zur großen **Notburgastraße** ∼ mit Hilfe der Ampel die Straße überqueren ∼ auf der anderen Seite links über den Kanal und weiter geradeaus auf dem Fußweg entlang der **Menzinger Straße** ∼ nach der Tankstelle rechts in die **Zamboninistraße** ∼ eine breite asphaltierte Straße mit wenig Verkehr ∼ an der **Nederlinger Straße** links.

2 Nederlinger Straße 1,5 km

Gleich wieder rechts in die **Canalettostraße**.

Tipp: Gleich auf den Fußweg auffahren, da dieser dann am Kanal weiterführt.

Der Rad- und Fußweg gelangt an die **Dantestraße** ∼ leicht nach rechts versetzt geradeaus in die **Hohenlohestraße** ∼ auf Höhe der **Paschstraße** geht es geradeaus auf einem Rad- und Fußweg weiter ∼ durch die Unterführung ∼ danach gelangt man direkt in den Olympiapark zum **Olympic-Spirit-Gebäude**.

3 Olympic-Spirit 3,5 km

Auf demselben Weg geht es wieder zurück zum Schloss Nymphenburg.

4 Schloss Nymphenburg 7 km

7 km — leicht

Tour 4 — Im Olympiapark

Auf Grund der guten Qualität der Asphaltwege und der Autofreiheit eignet sich der Olympiapark hervorragend zum Skaten. Nur die Steigungen in einigen Bereichen des Parks sollten Sie bei der Auswahl der Wege in Betracht ziehen. Wir haben Ihnen eine mögliche Tour vorgeschlagen.

Im Olympiapark

Länge: 7 km (Rundtour)

Start & Ziel: Coubertinplatz

Wegequalität: Sehr gut. Alle Wege sind asphaltiert

Verkehr: Alle Wege sind Rad- und Fußwege

Schwierigkeit: Leichte und starke Steigungen im Bereich des Olympiaberges

Kombinierbar: Anschluss an Tour 3

1 Coubertinplatz 0 km

Vom Coubertinplatz nach Norden über die B 2 ~ nach der Brücke in den ersten Weg nach rechts ~ an der **Tennisanlage** rechter Hand vorbei ~ bei der U-Bahn in einem Rechtsbogen wieder über die B 2 hinüber ~ direkt vor dem **Fernsehturm** links auf dem **Walter-Bathe-Weg** weiter ~ linker Hand das **Olympia-Eisstadion**.

2 Willi-Daume-Platz 1,5 km

Am Willi-Daume-Platz geradeaus zum **Willi-Gebhardt-Ufer** ~ rechts am Olympiasee entlang bis zum Olympic-Spirit-Gebäude.

3 Olympic Spirit 2,5 km

Tipp: Hier schließt die Tour 3 von Schloss Nymphenburg an.

Von hier wieder zurück am See entlang bis zum **Roopsingh-Bais-Weg**.

Tipp: Hier entweder links und am Willi-Daume-Platz links auf dem Luz-Long-Ufer zum Coubertinplatz zurück. Oder noch eine weitere Runde um den Olympiaberg von zusätzlichen knapp 3 Kilometern.

Geradeaus am See entlang bis kurz vor das Parkende ~ hier rechts auf dem Rad- und Fußweg zur **Winzererstraße** ~ an dieser kurz entlang, dann wieder rechts auf Asphalt in den Park hinein ~ dieser Weg führt zur Ackermannstraße.

4 Ackermannstraße 5 km

Hier rechts auf den Rad- und Fußweg ↝ dann wieder rechts in den **Spiridon-Louis-Weg** ↝ leicht hinauf wieder in den Park hinein ↝ am **Willi-Gebhardt-Ufer** wieder rechts, zum **Roopsing-Bais-Weg** ↝ hier links, am **Willi-Daume-Platz** links und auf dem **Luz-Long-Ufer** zum Coubertinplatz.

5 Coubertinplatz 7 km

Olympiapark
PLZ: 80331; Vorwahl: 089

- **Touristinformation**, Sendlinger Str. 1, ☎ 2330300
- **Olympiaturm**, Mo-So 9-24 Uhr. Vom Olympiaturm (290 m), auch Fernsehturm genannt, aus hat man eine tolle Aussicht über München. Mit einem Lift wird man in 190 m Höhe gebracht. Während sich die Aussichtsplattform dreht, kann man die Aussicht genießen. Auch ein Restaurant gibt es in dieser Höhe.
- **Olympiastadion**, ☎ 30672707-15, ÖZ: Mo-So 9-16 Uhr. 1972 wurden die ersten Olympischen Spiele in diesem Stadion ausgetragen. Die Drei Tenöre, The Rolling Stones und Michael Jackson traten dort auf, aber nichts machte dieses Stadion so berühmt wie der Fußball. In einer speziellen „Fußball-Tour" wird man durch das Stadion und die Kabinen der Fußball-Stars geführt.
- **Olympiahalle**, ☎ 30672290, ÖZ: Mi,Fr-Mo 7-23.30 Uhr, Di,Do 7-17.30 und 21-23 Uhr. Die Olympiahalle glänzt durch ihre Vielseitigkeit. Ob im Sport oder bei Konzerten, die Olympiahalle bietet für alles die geeignete Atmosphäre.
- **Werner-von-Linde-Halle**. Diese Halle diente als Aufwärmhalle für die Sportler bei den olympischen Spielen. Sie ist durch einen Tunnelgang direkt mit der Olympiahalle verbunden. Heute werden dort auch Ausstellungen und Fachmessen abgehalten.

Der Olympiapark ist 1972 für die XX. Olympischen Spiele auf dem damaligen Oberwiesenfeld entstanden. Der Park bietet nun viele Freizeitmöglichkeiten wie z.B. joggen, radeln, skaten und vieles mehr.

Tour 5 – Im Westpark

4,5 km — *leicht*

Sie möchten mitten in der Stadt auf Asphaltwegen mit den Skates Ihre Runden drehen? Dafür ist der Westpark gut geeignet. Sie können hier auch an der Brücke recht gut Steigungs- und Gefälle-Fahren üben oder einfach nur gemütlich vor sich hin skaten. Und die Gastronomie im Park stillt zudem Ihren Hunger und Durst. Nehmen Sie jedoch auch Rücksicht auf die anderen Erholungssuchenden.

Länge: 4,5 km (Rundtour)

Start & Ziel: Westpark/Eingang Westendstraße

Wegequalität: Gesamtkategorie sehr gut. Der Asphalt ist glatt und nicht schmutzgefährdet.

Verkehr: Die Skaterstrecke verläuft auf Fußwegen bzw. auf Rad- und Fußwegen.

Schwierigkeit: leichte und stärkere Steigungen zu Beginn und im Bereich der Brücke.

Im Westpark

1 Westpark/Eingang Westendstraße 0 km

Der Westpark wurde 1983 für die Internationale Gartenbauausstellung angelegt und ist bis heute ein Erholungsgelände geblieben. Eine Besonderheit sind der japanische und der chinesische Garten, aber auch die Handwerkskunst des Thailändischen Pavillons und der Nepalpagode. Im Sommer finden auf der Freiluftbühne Konzerte und Theateraufführungen statt.

Vom Parkplatz bei der **Westendstraße** auf dem rechten Weg hinunter in den Park.

Tipp: Dieser Asphaltweg wird immer wieder von querlaufenden Kopfsteinpflasterreihen unterbrochen.

Rechts am See entlang ~ am kleinen **botanischen Lehrgarten** vorbei ~ über die Brücke in den anderen Teil des Westparks.

Tipp: Die Steigung ist hier ziemlich stark, ebenso wie das Gefälle von der Brücke hinunter.

Zum See und am Restaurant vorbei.

2 Restaurant östlicher Teil 2 km

An der nächsten Brücke links über den See und am anderen Ufer wieder links ~ am See entlang

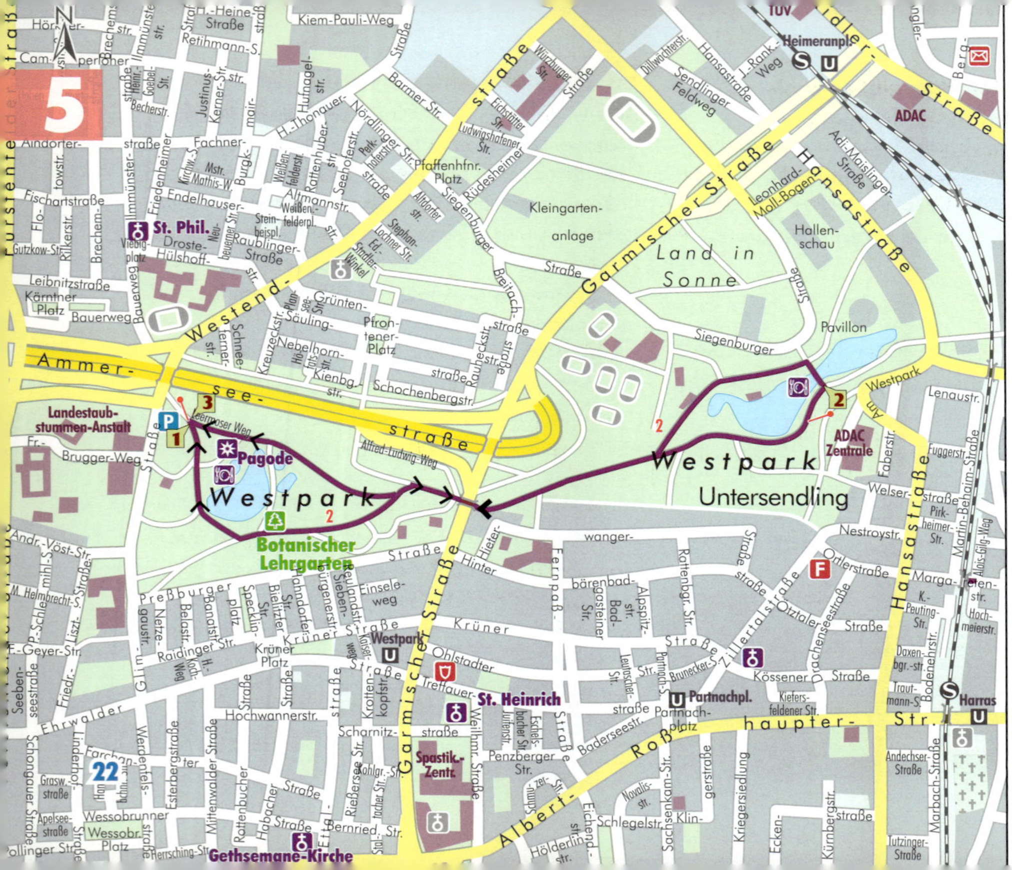

↝ wieder zur Brücke über die Hauptstraße hinauf ↝ auf der anderen Seite steil hinunter ↝ an der Gabelung rechts halten ↝ vor dem See links abbiegen ↝ an der nächsten Gabelung den linken Weg nehmen, denn der Weg direkt am See entlang ist dann gekiest ↝ am Querweg rechts und am See vorbei wieder hinauf zum Parkplatz.

3 Westpark/Eingang Westendstraße 4,5 km

Im Westpark

Tour 6 – Im Ostpark

3,5 km — *leicht*

Der Ostpark ist ein Eldorado für Skater. Hier gibt es zahlreiche Wege und alle sind asphaltiert. Außerdem lässt es sich im Biergarten am See gut rasten, Kinder können sich in der Spielstadt Maulwurfshausen vergnügen und vielleicht haben Sie ja Lust auf ein Schachspiel im Park nach dem Skaten.

Länge: 3,5 km

Start & Ziel: Ostpark/Michaelibad

Wegequalität: Gesamtkategorie sehr gut. Der Asphalt ist glatt und nicht schmutzgefährdet.

Verkehr: Die Skaterstrecke verläuft auf Fußwegen bzw. auf Rad- und Fußwegen.

Schwierigkeit: ab und zu leichte Steigungen

Schwierigkeit: Die beschriebene Tour ist nur ein Vorschlag. An sich können Sie im Ostpark alle Wege benutzen, da überall asphaltiert ist.

Im Ostpark

1 Michaelibad 0 km

☎ 23617961, ÖZ: Mo-So 9-23 Uhr. Das Michaelibad wurde im Jahr 2001 neueröffnet. Das Hallenbad bietet verschiedene Schwimmbecken, Solarien, Whirlpools, Dampfbad, Massagen sowie einen Wellness- und Saunabereich.

Vom Parkplatz beim **Michaelibad** auf dem rechten Weg in den Park hinein ~ rechts am **See** entlang ~ nach dem See dann links ~ am südlichen Rand des Parkes entlang ~ in den zweiten Weg nach links leicht hinauf.

Tipp: An dieser Stelle können Sie die Tour auch nach verlängern über die Spielstadt Maulwurfshausen.

Spielstadt Maulwurfshausen

Weiter geradeaus ~ leicht hinauf und am Querweg zur Spielstadt.

2 Spielstadt Maulwurfshausen 2 km

Von der Spielstadt wieder zurück ~ auf diesem Weg geradeaus am rechten Rand des Parks entlang ~ leicht hinauf und wieder hinunter ~ am Querweg dann links und vor den Schachtischen in der Linkskurve rechts ab.

Zu den Schachtischen

An den Schachtischen vorbei ~ danach links hinunter und wieder leicht hinauf ~ am Querweg rechts ~ zum Biergarten ~ danach links zum Bad zurück.

3 Michaelibad 3,5 km

Ostpark

Der Ostpark wurde 1973 erbaut. Er entwickelte sich zu einem Erholungs- und Freizeitzentrum und ist aus dem heutigen Stadtbild nicht mehr wegzudenken.

Im Ostpark

9 km *leicht*

Tour 7 – Entlang der Würm

Von der romantischen Blutenburg aus führen Asphaltwege am Ufer der Würm entlang gen Norden. Ein Restaurant mit Biergarten bildet den Abschluss der Tour. Die weiterführende Tour 8 geht dann noch bis zum Waldschwaigsee, einem idyllischen Badesee.

Länge: 9 km (hin und zurück)

Start & Ziel: Blutenburg

Wegequalität: Die Qualiät der Wege ist gut. Die gesamte Strecke ist asphaltiert, die Asphaltqualität jedoch unterschiedlich

Verkehr: Die Route verläuft auf ruhigen Nebenstraßen und auf Rad- und Fußwegen

Schwierigkeit: Keine Steigungen

Kombinierbar: Anschluss an Tour 8

1 Blutenburg   0 km

PLZ: 81247; Vorwahl: 089

6 Internationale Jugendbibliothek Schloss Blutenburg, ✆ 891211-0, ÖZ: Ausleihbibliothek für Kinder: Mo-Fr 14-18 Uhr, Studienbibliothek: Mo-Fr 10-16 Uhr, Michael-Ende-Museum: Di-So 14-17 Uhr, James-Krüss-Turm: Mo-Do 14-16 Uhr, Erich-Kästner-Zimmer: Besuch nach Vereinbarung, Verwaltung: Mo-Do 9-17 Uhr, Fr 9-14.30 Uhr

Schloss Blutenburg liegt im Westen von München im Stadtteil Obermenzing. Durch den Fluss Würm und viele alte Bäume vom Verkehrslärm der Autobahn München-Stuttgart abgeschirmt ist es heute ein beliebter Erholungsraum. 1425 wird „Blyutenburg" in der Regesta Boica XIII. ertmals erwähnt. Doch die Anfänge des Schlosses gehen bis 1200 zurück. Bis etwa 1430 bestand die Blutenburg aus dem Herrenhaus, vier Türmen und war von einem Wassergraben umgeben. Unter Albrecht III. entstanden die Ökonomiegebäude, die Wehrmauer und der Torturm. Die bekannte Schlosskapelle ließ Herzog Sigismund, der zweitälteste Sohn Albrechts 1488-97 errichten. Dieses Kunstwerk der Spätgotik ist sehr gut erhalten und nicht zu Unrecht weltweit bekannt. Der

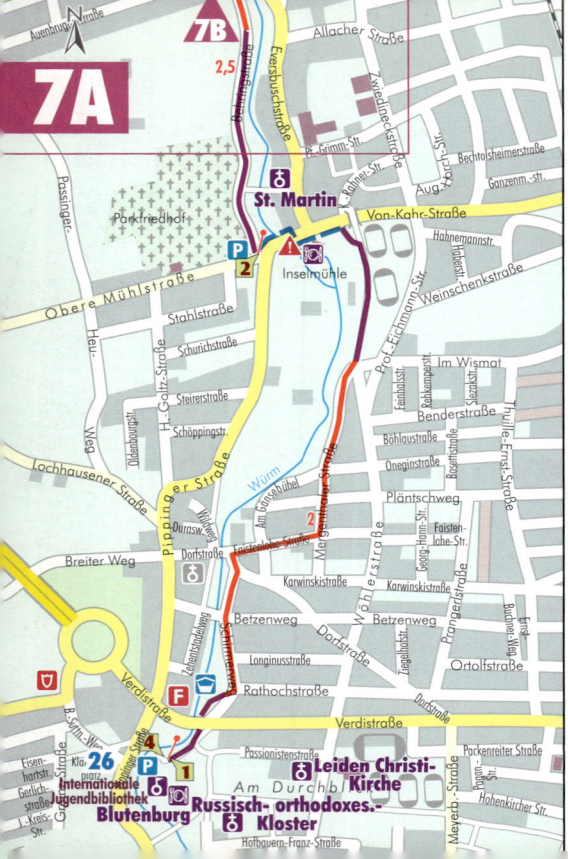

Münchner Notar Anton Freiherr erwarb die Hofmark und nahm umfangreiche Renovierungsarbeiten vor. Als jedoch dessen Erben die Hofmark 1702 dem Kurfürsten Max Emanuel überlassen mussten, war die Blütezeit des Schlosses Blutenburg vorbei. Bis in die 70er Jahre wurde das Schloss immer wieder vermietet. Wolfgang Vogelgesang gelang es dann, die Interessen des 1974 gegründeten Vereins der Freunde Schloss Blutenburg und der Internationalen Jugendbibliothek, deren Präsident er war, zu verbinden. Nun werden 500.000 Bücher im neuen Sitz der Internationalen Jugendbibliothek aufbewahrt.

Start der Tour ist die Blutenburg ↝ über den **Schlossgraben** Richtung Parkgelände **Am Durchblick** ↝ dann links den Schildern nach Dachau und Karlsfeld unter der Hauptstraße hindurch folgen ↝ nach der Unterführung rechts und gleich bei der Querstraße bei der Tankstelle wieder links ↝ geradeaus über den **Betzenweg** in den **Karlhäuslweg** ↝ an der **Dorfstraße** links und gleich wieder rechts in die **Faistenlohestraße** ↝ links in die **Mergenthalerstraße** ↝ über die **Pläntschstraße** ↝ rechts verläuft dann die **Oneginstraße** weiter, die Route führt aber geradeaus in die Spielstraße ↝ auf Höhe des Schildes, das das Ende der Spielstraße anzeigt, geht es links in den Radweg **Inselmühlweg** ↝ an der Gabelung geradeaus ↝ an der Sportanlage vorbei.

Tipp: Hier nicht auf der Brücke über die Von-Kahr-Straße, sondern links davon unten zur Hauptstraße vor.

An der **Von-Kahr-Straße** links auf den Gehweg ↝ bei der nächsten Ampelkreuzung über die Hauptstraße ↝ dann auf dem Rad- und Fußweg bis zum Parkfriedhof.

<mark>**2 Parkfriedhof 2 km**</mark>

Bei der Ampel geradeaus weiter und vor dem Parkfriedhof rechts in die **Behringstraße** ↝ die ruhige, asphaltierte Straße führt ganz idyllisch an der Würm entlang.

Tipp: Bis zur Nigglstraße ist die Behringstraße eine Anliegerstraße.

Geradeaus über die **Paul-Ehrlich-Straße** ↝ zum **Gasthaus Schießstätte**, dem Ziel der Tour.

3   Allach 4,5 km

Tipp: Auf der Tour 8 können Sie noch eine Runde zum Waldschwaigsee drehen. Lesen Sie dafür auf Seite 28 weiter.

Auf demselben Weg zurück zur Blutenburg.

4   Blutenburg 9 km

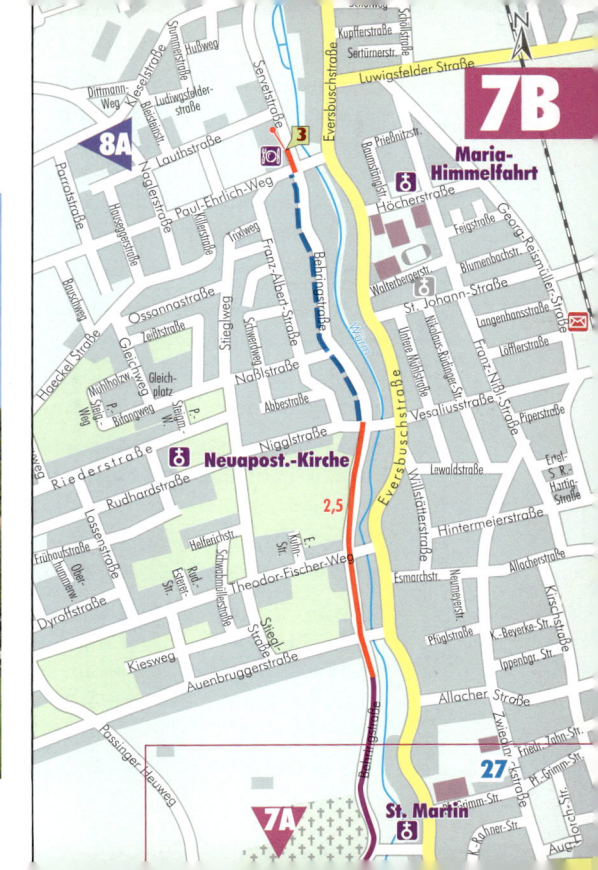

Die Blutenburg

Tour 8 · Zum Waldschwaigsee

11 km — *mittel*

Vom Münchner Stadtrand in Allach führen ruhige Nebenstraßen durch eine Landschaft mit bereits ländlichem Flair. Die ruhige Wasserfläche des Waldschwaigsees, gesäumt von Bäumen rundherum, lädt so richtig zu einem Sprung ins kühle Nass ein.

Länge: 11 km (hin und zurück)

Start & Ziel: Allach; Paul-Ehrlich-Straße/ Gasthaus Schießstätte

Anfahrt/Rückfahrt: Anfahrt mit dem Auto. Parkmöglichkeiten rund um die Paul-Ehrlich-Straße

Wegequalität: Gute Wegequaltiät. Die gesamte Strecke ist asphaltiert. Nur entlang des Waldschwaigsees ist der Weg gekiest

Verkehr: Die Route verläuft auf ruhigen Nebenstraßen und auf Rad-und Fußwegen

Schwierigkeitsgrad: Eine leichte Steigung und ein leichtes Gefälle über die Autobahnbrücke. Fahrsicherheit muss gegeben sein, da die Route großteils auf normalen Straßen verläuft, die nicht mit einem Fußweg ausgestattet sind

Kombinierbar: Anschluss an Tour 8 und 22

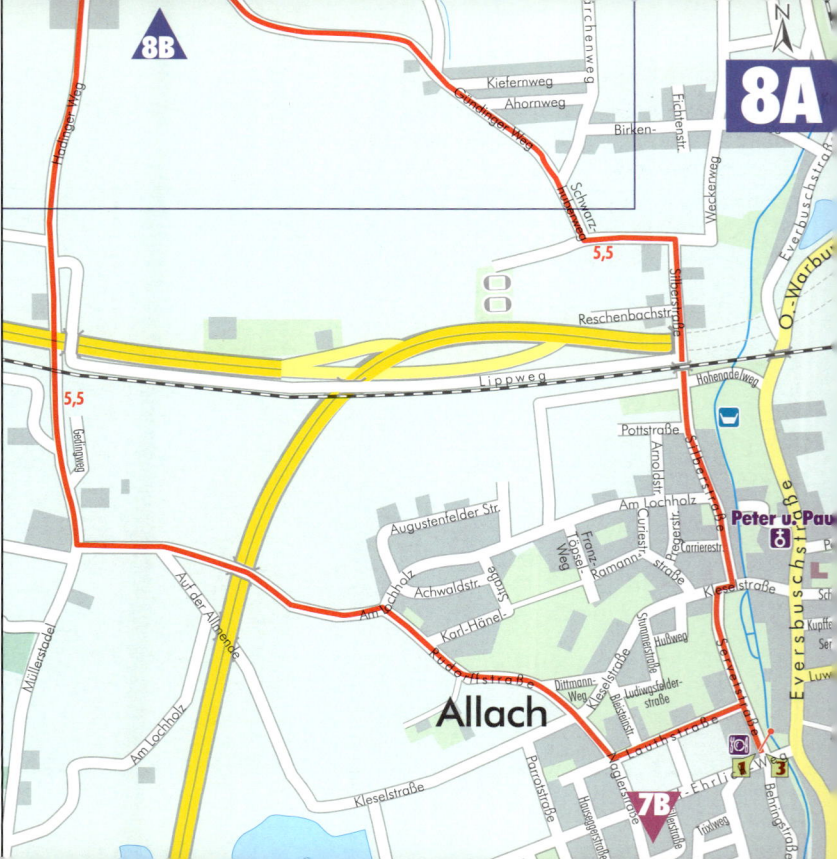

1 Allach/Paul-Ehrlich-Straße 0 km

Von der **Paul-Ehrlich-Straße** nach Norden ~ am **Gasthaus Schießstätte** vorbei ~ links in die **Lauthstraße** ~ rechts in die **Naglerstraße** ~ geradeaus auf der **Rudorffstraße** ~ am Ende der Zone 30 in einem Linksbogen auf der Straße **Am Lochholz** weiter ~ über die Autobahn und an der **Müllerstadelstraße** rechts ~ über die Brücke ~ geradeaus am **Gündinger Weg** vorbei ~ auf der **Hadinger Birkenallee** immer geradeaus bis zum Waldschwaigsee.

2 Waldschwaigsee 5,5

Der Waldschwaigsee liegt mitten im Dachauer Moos. Er ist ein Paradies für Erholungssuchende und im Sommer auch für Badegäste. Entstanden ist der See durch Kiesarbeiten für die Bundesstraßen B 304 und B 471. In der Mitte des Sees gibt es eine kleine Insel mit romantischem Flair, aber da sie unter Naturschutz steht darf sie nicht betreten werden.

Auf demselben Weg geht es nun wieder zurück zur Vorfahrtsstraße ~ hier links ~ kurz darauf wieder links in den **Gündinger Weg**

Am Waldschwaigsee

~ am Umspannwerk vorbei ~ am **Waldschwaigweg** beschreibt die Straße eine Rechtskurve ~ es geht nach **Karlsfeld** hinein ~ es folgt ein Linksbogen ~ danach in einem Rechtsbogen auf der **Silberstraße** weiter durch die Bahnunterführung ~ an der **Kleselstraße** rechts und gleich darauf wieder links in die **Servetstraße** am Reitstall vorbei, zum Gasthaus und zur Paul-Ehrlich-Straße.

3 Allach/Paul-Ehrlich-Straße 11 km

10,5 km — *mittel*

Tour 9 Um den Feldmochinger und Fasanerie-See

Dieser Ausflug zwischen Feldmochinger See und Fasaneriesee ist eine abwechslungsreiche Seen- und Baderunde. Im Sommer sollten Sie Ihre Badesachen im Rucksack mitführen – die beiden Seen bieten sich herrlich für einen Sprung ins kühle Nass an. Die Rundtour um den Fasaneriesee eignet sich ganz hervorragend für Skater.

Länge: 10,5 km (Rundtour)

Start & Ziel: Feldmochinger See

Anfahrt & Rückfahrt: Anfahrt mit dem Auto. Großer Parkplatz beim Badeplatz Feldmochinger See

Wegequalität: Die Wegequalität ist je nach Streckenabschnitt gut bis sehr gut. Besonders rund um den Fasaneriesee sind die Skaterbedingungen sehr gut

Verkehr: Die Route verläuft auf Radwegen und ruhigen Nebenstraßen. Nur ein kurzes Wegstück weist etwas stärkeres Verkehrsaufkommen auf

Schwierigkeit: Keine Steigungen. Fahrsicherheit sollte bei der Umrundung des Feldmochinger Sees gegeben sein, da hier auf normalen Straßen, teils ohne Fußweg, gefahren wird. Die Runde um den Fasaneriesee ist jedoch für Skater jeder Könnensstufe zu befahren

Tipp: Wenn Sie nur eine kleinere Runde fahren möchten und ganz weg vom KFZ-Verkehr, dann fahren Sie einfach nur die Runde um den Fasaneriesee

Startpunkt ist der Feldmochinger See.

1 Feldmochinger See/Feldmoching 0 km

Feldmoching ist eine der ältesten Siedlungen im Münchener Stadtgebiet. Funde und Ausgrabungen lassen den Schluss zu, dass Feldmoching seit 3.500 Jahren besteht. Zu München zählt Feldmoching jedoch erst seit 1938.

Der Feldmochinger See hat eine sehr gute Wasserqualität. Rund um den See gibt es viele kleine Uferhügel, einen ausgewiesenen FKK-Bereich und ein Behinderten-Areal. Auf der süd-

Feldmochinger See

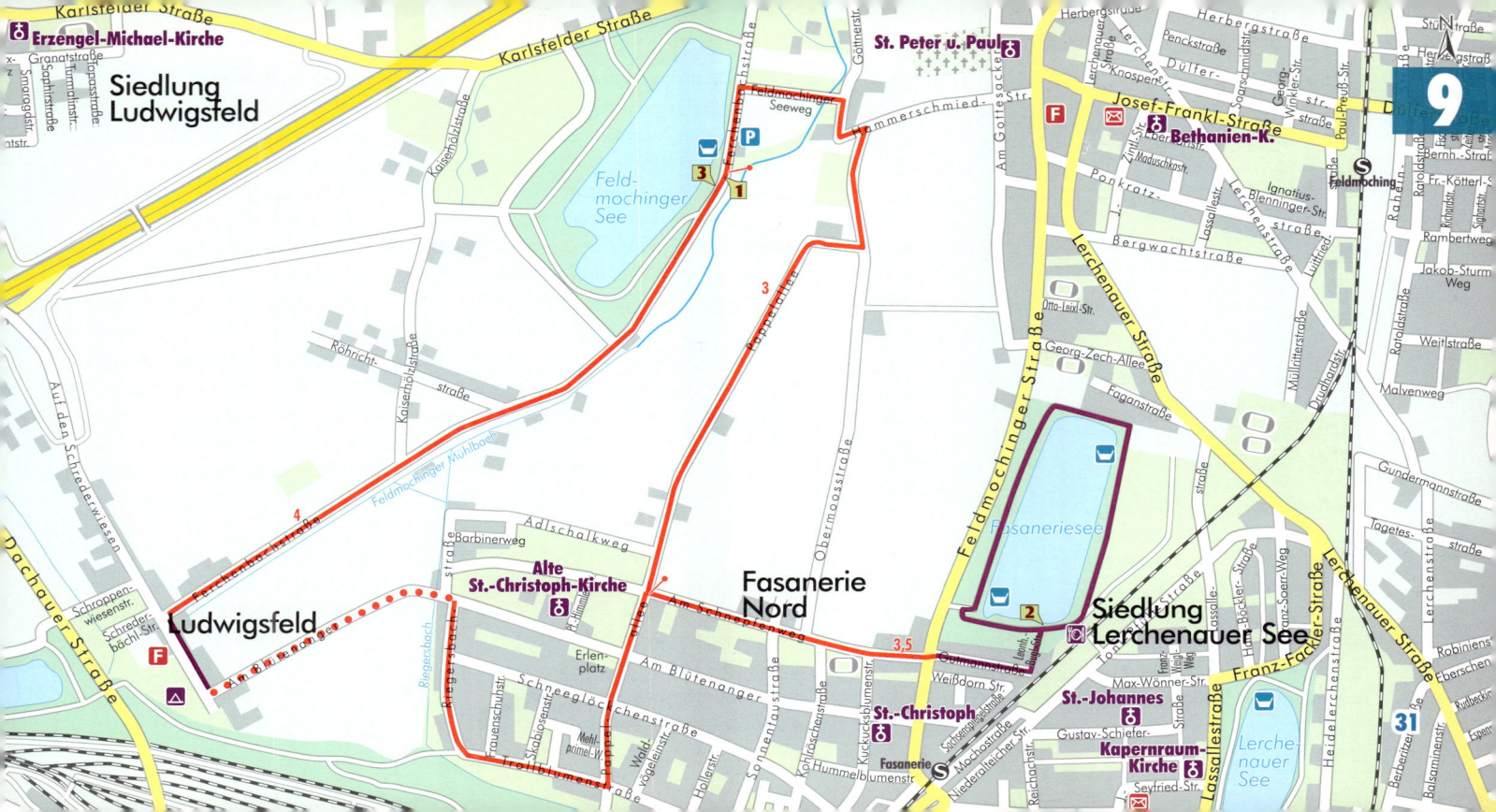

Der Fasaneriesee

lichen Seite gibt es ein naturbelassenes Gebiet für Nistvögel. Es bieten sich auch Liegewiesen und öffentliche Grillplätze an.

Vom Feldmochinger See geht es rechts in den **Feldmochinger Seeweg** ↝ erneut rechts in den **Göttnerweg**, links in die **Hammerschmiedstraße**, wieder rechts in die **Obermoosstraße** und gleich noch einmal rechts in die **Pappelallee** ↝ die Asphaltstraße führt durch Pappeln, Wiesen und Felder ↝ bei den ersten Häusern links in die Straße **Am Schnepfenweg**, eine verkehrsberuhigte Straße ↝ an der **Feldmochinger Straße** links und gleich wieder rechts in den asphaltierten Weg, der zum südlichen Ende des Fasaneriesees führt ↝ der asphaltierte Weg rund um den See eignet sich hervorragend zum ungestörten Skaten.

2 Fasaneriesee 5 km

Rund um den Fasaneriesee ist in den letzten Jahren ein kleiner Freizeitpark entstanden. Ein Rundweg um den See lädt zum Joggen, Rad fahren und natürlich zum Skaten ein. Die aufgeschütteten, seichten Stellen eignen sich gut für Kinder. Es gibt auch öffentliche Grillplätze. Trotz der vielen Vorzüge bleibt der enorme Ansturm auf den See aus, was den See zum geeigneten Ort zum Relaxen macht.

Vom südlichen Ende des Fasaneriesees zurück zur **Feldmochinger Straße** ↝ hier links und gleich wieder rechts in die Straße **Am Schnepfenweg** ↝ an der **Pappelallee** links ↝ immer geradeaus über die Straße am **Blütenanger** ↝ weiter auf der **Pappelallee** ↝ an der Querstraße **Tollblumenweg** rechts ↝ in einem Rechtsbogen weiter auf der **Reigersbachstraße** ↝ an der Straße **Am Blütenanger** links ↝ in mäßig starkem Verkehr ↝ nach der Kurve gibt es neben der Straße **Auf den Schrederwiesen** einen Radweg ↝ an der nächsten Abzweigung rechts in die **Ferchenbachstraße** ↝ diese Straße führt direkt zum Feldmochinger See zurück.

3 Feldmochinger See/Feldmoching 10,5 km

3 km   *leicht*

Tour 10 Durch den Lochhamer Schlag

Eine Kurztour für Einsteiger oder für all jene, die nur wenig Zeit haben, aber doch mal eine Runde Bewegung brauchen. Der Asphaltweg geht schattig durch den Wald, ist breit und gut asphaltiert.

Länge: 3 km (hin und zurück)

Start & Ziel: Gräfelfing/Friedhof

Anfahrt & Rückfahrt: Mit dem Auto. Parkmöglichkeiten beim Friedhof an der Großhaderner Straße

Wegequalität: Gesamtkategorie gut. Der Asphalt ist teilweise glatt, teilweise ein wenig aufgeraut. Achtung auf heruntergefallene Äste

Verkehr: Verkehrsfrei außer der Überquerung der Hauptstraße

Schwierigkeit: Keine Steigungen. Einzige Schwierigkeit ist die Überquerung der Hauptstraße, der Lochhamer Straße

1 Gräfelfing Friedhof 0 km

Startpunkt ist der Friedhof in Gräfelfing ~ entlang der Straße gibt es Parkmöglichkeiten ~ vor bis zur Hauptstraße ~ über diese hinüber auf den Kfz-freien Asphaltweg durch den Lochhamer Schlag.

2 Lochhamer Schlag 1,5 km

Am anderen Ende des Waldes wieder zurück zum Ausgangspunkt.

3 Gräfelfing Friedhof 3 km

Im Lochhamer Schlag

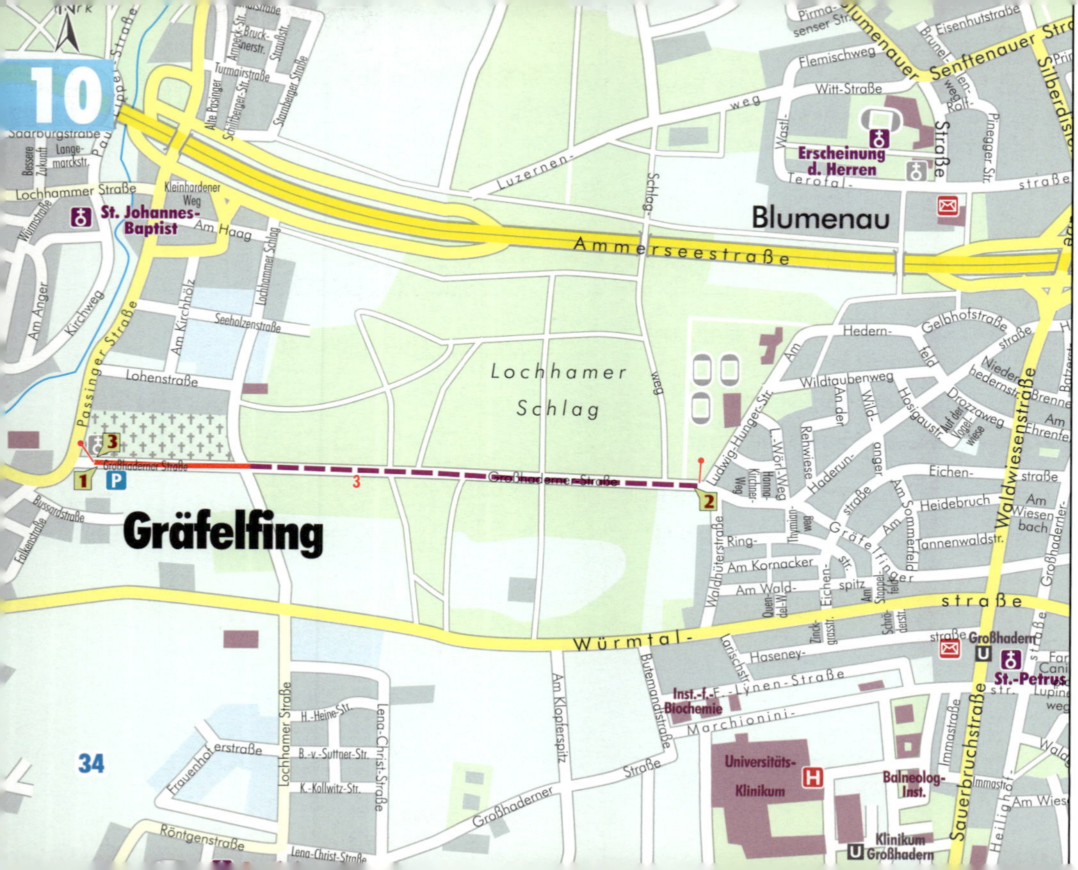

RadFernWege
Die attraktivsten Radtouren
- durch Deutschland
- durch Österreich

240 S., € 9,90
ISBN 3-85000-098-2

ca. 120 S., € 9,90
ISBN 3-85000-115-6

Wohin soll die nächste Radtour gehen? Ist es im Süden zu bergig? Im Norden zu windig? Stehen überhaupt Schilder? Welche Tour kann ich mit Kindern fahren? Welche mit dem Rennrad? All diese Fragen beantworten diese Bücher umfassend und kompetent.

Jetzt im Buchhandel

5 km — leicht

Tour 11 — Im Forst Kasten

Diese Tour hat alles, was eine gute Skater Tour haben sollte: besten glatten Asphalt, keine Autos, ein Gasthaus, einen Parkplatz und einen schattigen Wald rundherum mit hohem Erholungswert.

Länge: 5 km (Rundtour)

Start & Ziel: Forsthaus Kasten

Anfahrt & Rückfahrt: Nur mit dem Auto erreichbar. Großer Parkplatz beim Forsthaus Kasten.

Wegequalität: Gesamtkategorie sehr gut. Der Asphalt ist sehr glatt, teilweise jedoch durch Nadeln verschmutzt

Verkehr: Verkehrsfrei

Schwierigkeit: eine leichte Steigung und ein leichtes Gefälle.

Im Forst Kasten

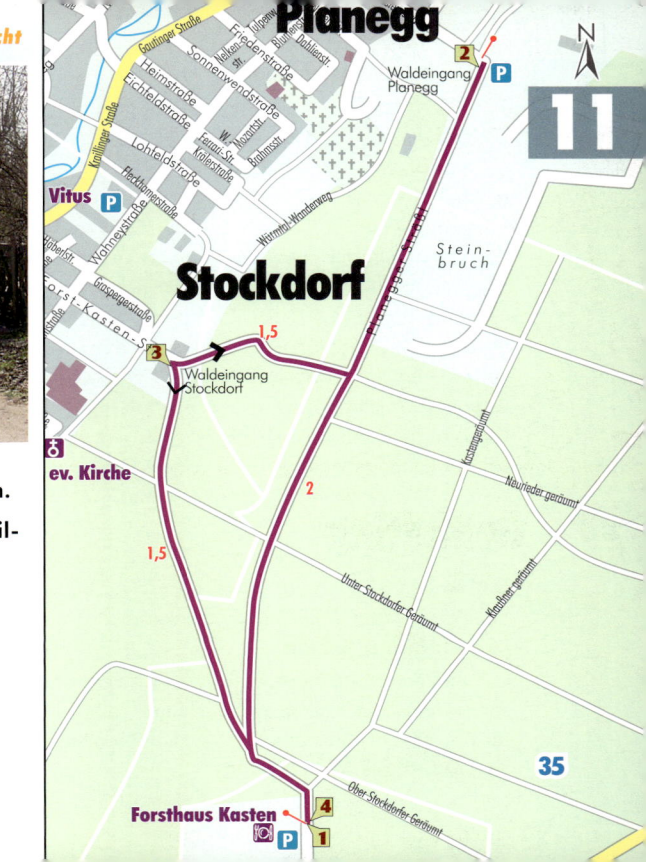

1 Forsthaus Kasten 0 km

PLZ: 82131; Vorwahl: 089
☎ 8500360; ÖZ: tägl. 11-23 Uhr

Das Forsthaus Kasten ist ein beliebter Biergarten. Nachdem dieser 1999 abgebrannt ist, wurde der Biergarten im März 2002 neu eröffnet. Das Forsthaus Kasten ist auch für Familien ideal, da sich hier ein Tiergehege und ein großer Spielplatz befinden.

Startpunkt ist das Forsthaus Kasten, hier gibt es einen großen Parkplatz ~ nach links auf den asphaltierten Weg an der Schranke vorbei, den Schildern Richtung Krailling folgen ~ der Asphalt eignet sich hervorragend zum Skaten ~ an der Verzweigung rechts Richtung Planegg ~ nun immer schnurgerade bis zum Waldeingang Planegger Straße.

2 Planegg 2 km

Von hier aus erstmal wieder zurück ~ dann nach rund 800 Metern rechts in das querende Asphaltsträßchen abbiegen ~ zum Waldeingang Stockdorf.

3 Stockdorf 3,5 km

Nach den Häusern geht es hinunter ~ unten dann im spitzen Winkel wieder links an der Schranke vorbei ~ dieser Weg führt nun wieder zurück zum Forsthaus Kasten.

4 Forsthaus Kasten 5 km

---

15 km *leicht*

Tour 12 – Im Forstenrieder Park I

Die ideale Tour für jeden Skater: Einsteiger fühlen sich wohl auf der breiten, ebenen und gut asphaltierten Straße, Könner können mal so richtig Speed machen. Das Ambiente ist ein Wildpark mit schattigen Bäumen und so manchem Reh oder Wildschwein.

Länge: 15 km (hin und zurück)

Start & Ziel: Buchenhain

Anfahrt & Rückfahrt: Mit der S-Bahn 7 Richtung Wolfratshausen, Station Buchenhain. Für das Auto gibt es direkt am Eingang zum Forst einen Parkplatz

Wegequalität: Gesamtkategorie sehr gut. Der Asphalt ist sehr glatt

Verkehr: Verkehrsfrei

Schwierigkeit: eine ganz kleine Mulde weist ein geringfügiges Gefälle und eine ebenso geringfügige Steigung auf

Kombinierbar: Tour 13 und 14

Forstenrieder Park

1 Buchenhain 0 km

Startpunkt ist der Bahnhof in Buchenhain ∾ vom Bahnhof aus nach links ∾ über die Bahnlinie, danach rechts ∾ am **Parkplatz** noch vorbei ∾ danach links durch das Tor in den **Forstenrieder Park**.

Tipp: Achtung auf den Viehrost beim Tor.

Nach dem Tor erfreut eine breite, herrlich asphaltierte Straße jedes Skaterherz ∾ nach rund 2,3 Kilometern, kurz davor geht es leicht hinunter in eine Mulde und wieder hinauf, nach rechts im rechten Winkel abzweigen.

2 Diensthütte 3 km

Am Anfang ist der „**Karolinen geräumt**" von der Asphaltdecke her nicht so hervorragend ∾ nach dem Rastplatz und dem Linksknick dann wieder sehr glatter Untergrund ∾ immer weiter geradeaus nach Unterdill ∾ am Tor vorbei und an der Querstraße rechts geht es zu einem Restaurant.

3 Unterdill 7,5 km

Auf demselben Weg kann man nun wieder zurück nach Buchenhain skaten.

4 Buchenhain 15 km

Forstenrieder Park
PLZ: 81476; Vorwahl: 089

🛁 **Hallenbad Forstenrieder Park**, Stäblistraße 27b, ✆ 2361-7741. Im Hallenbad befinden sich ein Sport-, ein Lehrschwimm- sowie ein Kinderplanschbecken. Weiters werden Solarium, Massage und kostenlose Wassergymnastik geboten.

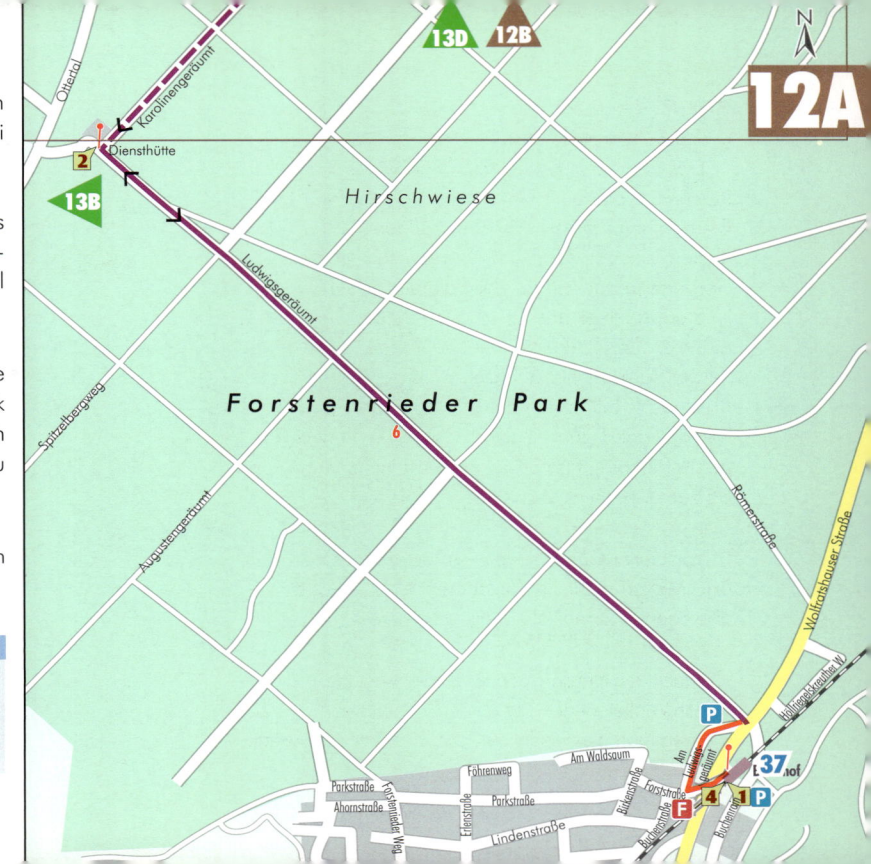

Der Forstenrieder Park ist ein großes Waldgelände mit vielen Schlammstellen unterschiedlicher Größe und Tiefe. In dem Gebiet sind viele Wildschweine zu finden da der Park den Tieren mit Büschen und Bäumen viel Schutz bietet.

16,5 km

mittel

Tour 13 — Im Forstenrieder Park II

Diese Rundtour durch den Forstenrieder Park ist durchaus etwas für Fortgeschrittenere. Die starke Gefällestrecke ist sicher nichts für Anfänger. Auch die Asphaltqualitäten variieren ein wenig und ein kurzes Stück verläuft in stärkerem Verkehr. Aber für Geübtere eine herrliche Rundtour durch den Forst und den Wildpark.

Länge: 16,5 km (Rundtour)

Start & Ziel: Buchenhain

Anfahrt & Rückfahrt: Mit der S-Bahn 7 Richtung Wolfratshausen, Station Buchenhain. Für das Auto gibt es direkt am Eingang zum Forst einen Parkplatz.

Wegequalität: Gesamtkategorie gut. Der Asphalt ist teils sehr glatt, an manchen Stellen jedoch auch ausgebessert.

Verkehr: bis auf ein kurzes Stück bei Unterdill ist die Strecke komplett verkehrsfrei

Schwierigkeit: es gibt ein starkes Gefälle und zusätzlich noch leichte Steigungs- und Gefällestrecken

Kombinierbar: Tour 12 und 14

1 Buchenhain 0 km

Startpunkt ist der Bahnhof in Buchenhain ∾ vom Bahnhof aus nach links ∾ über die Bahnlinie, danach rechts ∾ am **Parkplatz** noch vorbei ∾ danach links durch das Tor in den Forstenrieder Park.

Tipp: Achtung auf den Viehrost beim Tor.

Nach dem Tor erfreut eine breite, herrlich asphaltierte Straße jedes Skaterherz ∾ nach rund 2,3 Kilometern, kurz davor geht es leicht hinunter in eine Mulde und wieder hinauf, an

Forstenrieder Park

Forstenrieder Park

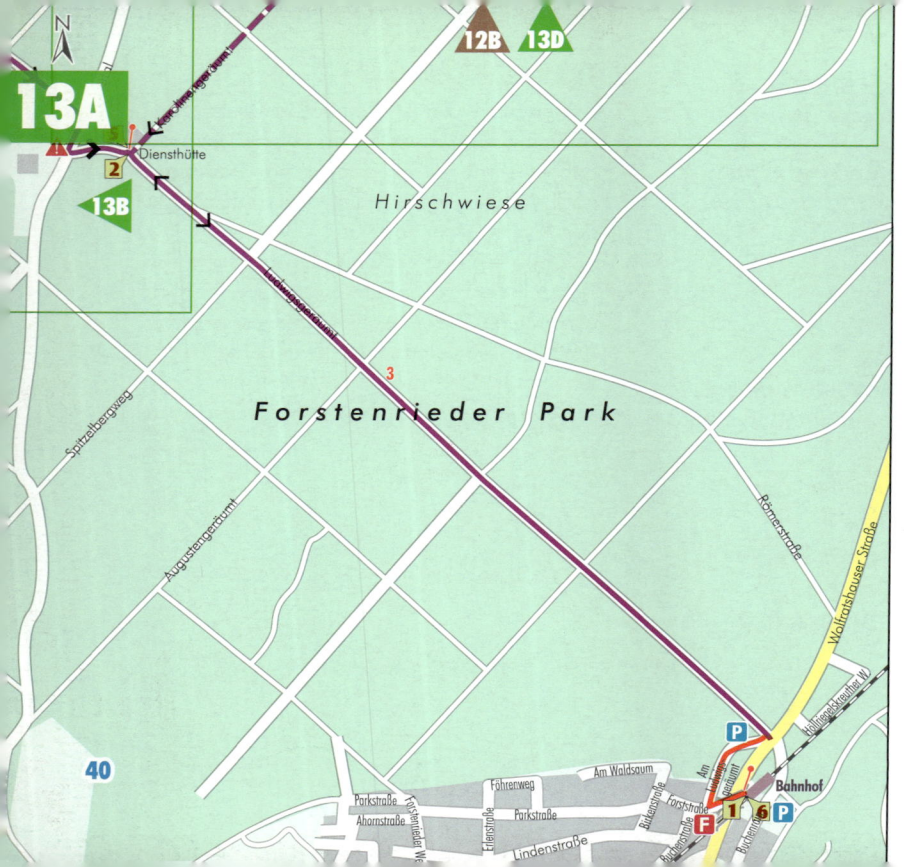

der Kreuzung geradeaus.

2   Diensthütte 3 km

    Danach folgt ein starkes Gefälle mit einer scharfen Kurve ∾ nach dieser Rechtskurve wieder eben ∾ nach der Linkskurve dann wieder leicht bergan ∾ über einen kleinen Hügel und wieder leicht bergab ∾ aus dem Wald hinaus und an einem Parkplatz vorbei ∾ wieder hinunter, durch die Unterführung und auf der anderen Seite geradeaus wieder hinauf ∾ an einem weiteren Parkplatz vorbei ~ dann dem Asphaltband **Ludwigs geräumt** in einem Rechtsknick folgen ~ an der nächsten Kreuzung rechts Richtung Neuried ~ nach 1,5 Kilometern wieder rechts ab auf **Links geräumt**.

3 Neuried 8 km

Wieder hinunter und auf eine normale Straße ~ durch die Unterführung und danach linksherum nach Unterdill ~ bei den ersten Häusern gleich rechts ~ geradeaus geht es zu einem **Restaurant**, aber vorher führt die Route weiter rechts in den Forstenrieder Park durch das Tor.

4 Unterdill 10 km

Der Asphalt ist hervorragend ~ nach dem Rechtsknick und dem Rastplatz ist der Asphalt nicht mehr ganz so gut ~ am Querweg bei der Diensthütte nach links.

5 Diensthütte 13,5 km

Auf der breiten Asphaltstraße nun wieder zurück, aus dem Park hinaus und nach rechts zum Bahnhof hin ~ links über die Brücke und nochmal links zum Bahnhof.

6 Buchenhain 16,5 km

13C

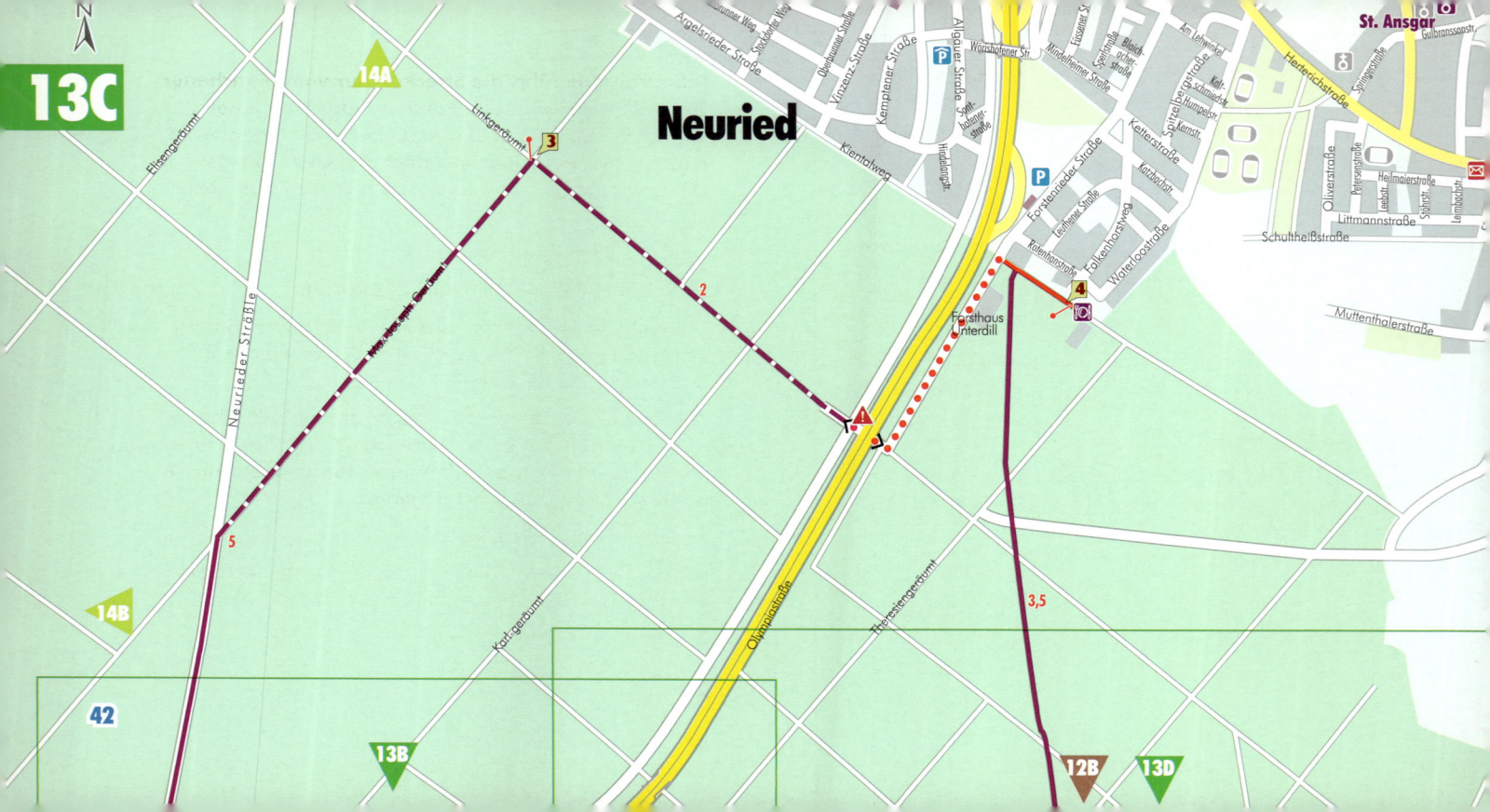

Neuried

13 km
leicht

Tour 14 — Im Forstenrieder Park III

Schnurgerade führt die Streckentour vom Münchener Stadtteil Neuried in den Forstenrieder Park hinein. Weitab vom Stadttrubel durch einen schattigen Wald entführt Sie diese Tour aus dem täglichen Alltagsstress. Ein gemütlicher Rastplatz lädt zum Ausruhen ein.

Länge: 13 km (hin und zurück)

Start & Ziel: Neuried/Forsthaus Maxhof

Anfahrt & Rückfahrt: Mit dem Auto. Es gibt Parkmöglichkeiten in den Wohnstraßen in der Nähe des Eingangs zum Forstenrieder Park.

Wegequalität: Gesamtkategorie gut. In Städtnähe ist der Asphalt noch gut, weiter in den Forst hinein wird der Belag immer rauer. Verschmutzungsgefahr durch nahestehende Bäume ist gegeben.

Verkehr: komplett verkehrsfrei

Schwierigkeit: keine Steigungen. Achtung auf die rauere Oberfläche im hinteren Teil des Parks.

Kombinierbar: Tour 12 und 13

1 Neuried/Forsthaus Maxhof 0 km

PLZ: 82058; Vorwahl: 089

Gemeinde Neuried, Planegger Str. 2, ☎ 759010

    Die erste gesicherte Erwähnung von Neuried stammt aus dem Jahr 1194. Damals besaß es eigene Pfarrrechte, die aber im 13. Jahrhundert an Gräfelfing abgegeben werden mußten. Zu Beginn des 15. Jahrhunderts wurde Neuried an das Kloster Ettal verkauft. Kurz darauf jedoch erwarb Herzog Wilhelm III. das Dorfgericht sowie die Vogtei, welche nun zur Hofmark Planegg gehörten. Nachdem sich 1593 der erste Wirt hier niedergelassen hatte, brannten die Schweden 1646 einen Teil von Neuried nieder. 1825 wurden schließlich bei einem Brand wieder einige Anwesen zerstört. Im Jahr 1911 hatte Neuried schließlich den ersten Bürgermeister: Joseph Hunger. 1933 folgte die Errichtung einer eigenen Schule. Nachdem die Schäden des zweiten Weltkrieges beseitigt worden waren, begann die Bevölkerungszahl stetig zu wachsen. Schließlich wurde Neuried 1992 wieder eine eigene Pfarrei, die 1997 das 800-jährige Ortsjubiläum feierte.

    Startpunkt ist die Siedlung **Maxhof** in Neuried ↝ am Ende der **Maxhofstraße** am Forsthaus Maxhof vorbei schnurgerade in den Forstenrieder Park ↝ über die

Querwege **Link geräumt** und **Neurieder Sträßl** geradeaus hinweg.

 2 **Neurieder Sträßl 2 km**

> **Tipp:** Hier zweigt die Tour 13 ab.

Immer tiefer geht es nun auf dem Weg **Max-Josef-geräumt** in den Forstenrieder Park hinein ~ der Asphalt wird jedoch immer rauer ~ wenn der Weg unbefestigt wird, heißt es umkehren.

 3 **Max-Joseph-geräumt 6,5 km**

Auf derselben Strecke geht es dann wieder zurück zum Ausgangspunkt in Neuried.

 4 **Neuried/Forsthaus Maxhof 13 km**

12 km — Tour 15 Perlacher Forst I

leicht

Die Tour durch den Perlacher Forst ist wohl eine der optimalsten Skatertouren: schnurgerade, asphaltierte Wege, autofrei durch den schattigen Wald mit einem guten Gasthof als Ziel.

Länge: 12 km

Start & Ziel: Giesinger Waldhaus

Anfahrt & Rückfahrt: Mit dem Auto. Parkplätze entlang der Straße Am Perlacher Forst direkt am Waldrand.

Wegequalität: Gesamtkategorie sehr gut. Im Wald eventuell auf Verschmutzung durch die Bäume achten.

Verkehr: Verkehrsfrei außer dem letzten Stück zur Kugleralm

Schwierigkeit: Keine Steigungen. Achtung bei der Unterführung vor der Kugler Alm, leichtes Gefälle und kurzzeitig kopfsteingepflastert.

Kombinierbar: Tour 16 und 17

15A

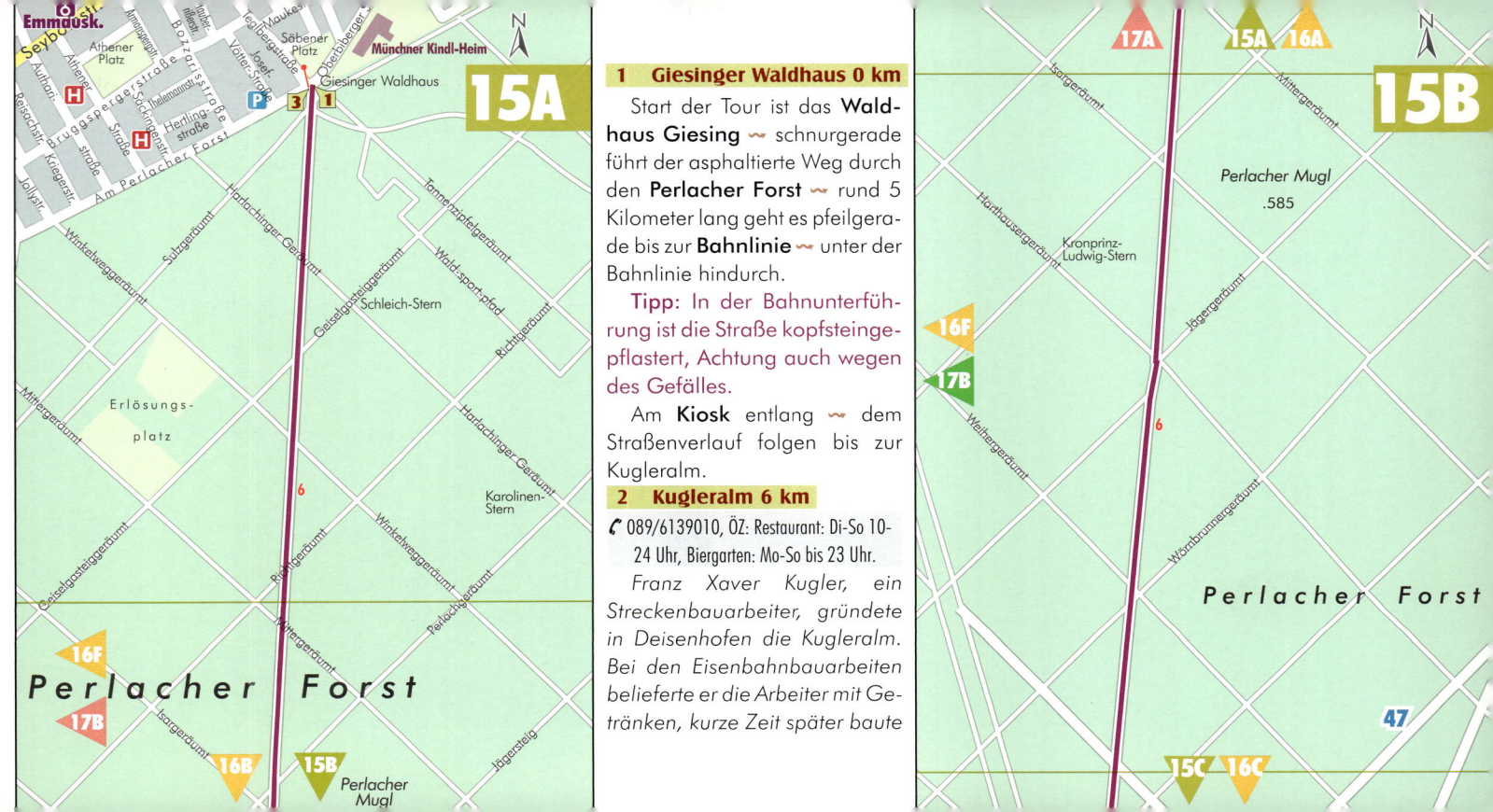

1 Giesinger Waldhaus 0 km

Start der Tour ist das **Wald-haus Giesing** ~ schnurgerade führt der asphaltierte Weg durch den **Perlacher Forst** ~ rund 5 Kilometer lang geht es pfeilgerade bis zur **Bahnlinie** ~ unter der Bahnlinie hindurch.

Tipp: In der Bahnunterführung ist die Straße kopfsteingepflastert, Achtung auch wegen des Gefälles.

Am **Kiosk** entlang ~ dem Straßenverlauf folgen bis zur Kugleralm.

2 Kugleralm 6 km

☎ 089/6139010, ÖZ: Restaurant: Di-So 10-24 Uhr, Biergarten: Mo-So bis 23 Uhr.

Franz Xaver Kugler, ein Streckenbauarbeiter, gründete in Deisenhofen die Kugleralm. Bei den Eisenbahnbauarbeiten belieferte er die Arbeiter mit Getränken, kurze Zeit später baute

15B

47

15C

er ein Trinkstüberl. In den 20er Jahren wurde Kugler mit seinem Ausflugslokal Kugleralm weithin bekannt. Auch heute noch kommen viele Ausflügler auf die Kugleralm um sich im Biergarten typische Biergartengerichte oder im Restaurant ausgewählte Speisen mit den dazupassenden Bieren und Weinen schmecken zu lassen.

Auf demselben Weg geht es wieder zurück zum Giesinger Waldhaus.

3 Giesinger Waldhaus 12 km

Im Perlacher Forst

19 km — mittel

Tour 16 — Perlacher Forst II

Eine herrliche Skatertour auf gut asphaltierten Wegen durch den schattigen Perlacher Forst. Die Kugleralm und das Gasthaus Wörnbrunn bieten sich zu einer geruhsamen Rast an. Aufgrund der Länge und der Durchquerung von Deisenhofen ist die Tour nicht für Einsteiger geeignet.

Länge: 19 km (Rundtour)

Start & Ziel: Giesinger Waldhaus

Anfahrt & Rückfahrt: Mit dem Auto. Parkplätze entlang der Straße Am Perlacher Forst direkt am Waldrand

Wegequalität: Gesamtkategorie gut. Im Wald eventuell auf Verschmutzung durch die Bäume achten

Verkehr: Verkehrsfrei außer bei der Kugleralm und bei der Ortsdurchquerung Deisenhofen

Schwierigkeit: Nur leichte Steigungen und Gefälle bei den Bahnunterführungen und der Straßenunterführung. Bei der Durchquerung von Deisenhofen gilt es Straßen zu überqueren und kurzzeitig auf normale Straßen auszuweichen

Kombinierbar: Tour 15 und 17

16A

49

1 Giesinger Waldhaus 0 km

Start der Tour ist das **Waldhaus Giesing** ～ schnurgerade führt der asphaltierte Weg durch den **Perlacher Forst** ～ rund 5 Kilometer lang geht es pfeilgerade bis zur **Bahnlinie** ～ unter der Bahnlinie hindurch.

Tipp: Durch der Bahnunterführung ist die Straße kopfsteingepflastert, Achtung auch wegen des Gefälles.

Am Kiosk entlang ～ dem Straßenverlauf folgen bis zur Kugleralm.

2 Kugleralm 6 km

Von der Kugleralm weiter an der Bahn entlang auf dem Rad- und Fußweg ～ beim Bahnübergang an der Querstraße hinüber und schräg rechts in die Straße, auch hier gibt es weiterhin einen Rad- und Fußweg.

3 Deisenhofen 7,5 km

Beim Kreisverkehr schräg rechts gegenüber in den Rad- und Fußweg über die Wiese ～ an der **Laufzorner Stra-**

ße rechts und in die nächste Straße gleich wieder nach links, auf der **Wörnbrunner Straße** ～ gerade aus dem Ort hinaus.

Am Ortsende geradeaus an einem Erdwall vorbei auf die alte Hauptstraße ～ diese führt verkehrsfrei durch den Wald.

Tipp: Achtung, die eine Hälfte der Straße ist aufgeraut.

An der großen Hauptstraße dann links auf den Rad- und Fußweg ～ am Parkplatz und der Querstraße vorbei und danach rechts durch die Unterführung auf die andere Straßenseite ～ die kleine Straße führt direkt zum Gasthaus Wörnbrunn.

4 Wörnbrunn 11,5 km

Das Gasthaus Wörnbrunn erhielt im Jahr 1891, nachdem es zuvor meist im Besitz eines Klosters war, die Konzession. Es wechselte im Laufe der Zeit einige Male die Besitzer bis 1983 unter der Familie Süßmeier das Gasthaus umgebaut wurde. Nachdem 1991 der Dachstuhl abbrannte, mußte es erneut umgebaut werden. Heute ist das Gasthaus im Besitz der Familie Glöckle und bietet neben einer abwechslungsreichen Speise- und Getränkekarte eine Vielzahl an Garträumen, Konferenz-, Tagungs- und Seminarräumen, um ungestört Feste feiern aber auch Schulungen und Kurse abhalten zu können.

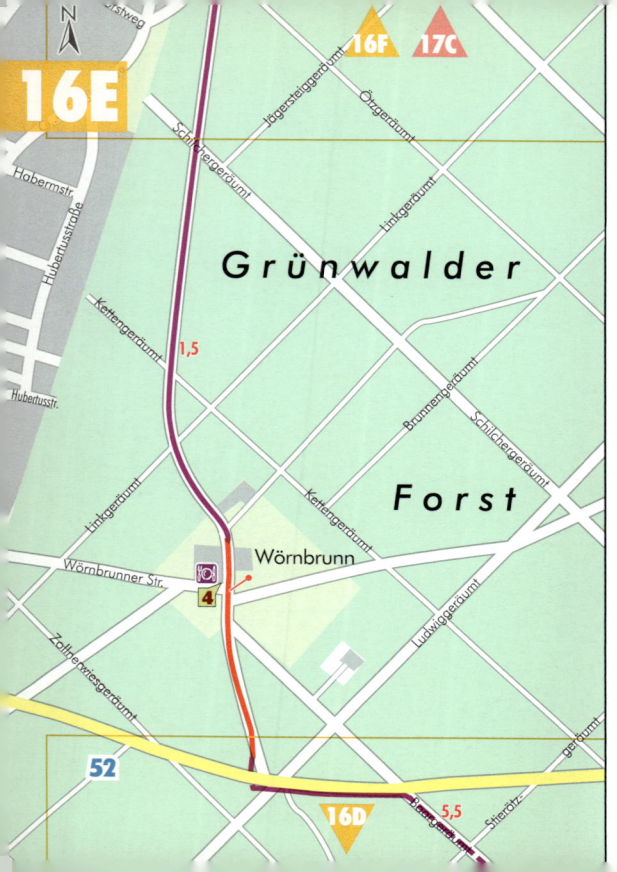

Vom Gasthaus Wörnbrunn auf einem asphaltierten Weg geradeaus durch den Wald nach Norden.

Tipp: Es zweigt dann der Weg Perlach geräumt nach rechts ab. Die Route führt hier nach rechts weiter. Sie können aber an dieser Stelle auch einen Abstecher zur Bavaria Filmstadt Geiselgasteig unternehmen.

Zur Filmstadt Geiselgasteig

Geradeaus weiter und in die Wohnsiedlung an der **Gabriel-von-Seidl-Straße** rechts.

Bavaria-Filmstadt Geiselgasteig

Bavaria Filmstadt, 089/64992304, ÖZ: Nov.-Feb., Mo-So 10-15 Uhr, März-Okt., Mo-So 9-16 Uhr

In der Filmstadt Geiselgasteig werden seit über 80 Jahren Filme und Fernsehserien gedreht. Die Filmstadt ist eine der größten und berühmtesten Film- und TV-Studios in Europa in der schon Hits wie „Marienhof", „Das Boot" und „Die Unendliche Geschichte" entstanden sind. Für Interessierte werden Führungen angeboten, bei denen man einen Blick hinter die Kulissen werfen kann. Man bekommt Drehorte zu sehen, am Tatort-Set kann man selbst mal Schauspieler sein, teilweise kann man auch den Dreharbeiten mit Hilfe einer Projektion beiwohnen. Interessant ist auch die Bavaria Action Show, bei der die Besucher von Stuntmen diverse Informationen erhalten. Das Showscan Kino bietet eine Kinotechnik, die aus den USA stammt – es wird das Gefühl geboten, direkt im Film zu sein. Für Filminteressierte ist es sicher wert, einen Abstecher in die Filmstadt einzuplanen.

Um die Runde zu schließen geht es nun auf dem Asphaltweg **Perlach geräumt** wieder in den Perlacher Forst unter der Bahn hindurch am Hauptweg links und zurück zum Giesinger Waldhaus.

5 Giesinger Waldhaus 19 km

Perlacher Forst

Der Perlacher Forst ist ein Mischwald der

als Erholungsgebiet großen Nutzen findet. Viele kommen hierher zum Skaten, um Rad zu fahren, zu wandern, zu joggen oder die Trimm-Dich-Pfade zu benutzen. Des weiteren gibt es auch noch den „*Perlacher Mugl*", ein kleiner Aussichtshügel. Stärken kann man sich entweder auf der Kugler Alm oder der Nussbaum Ranch.

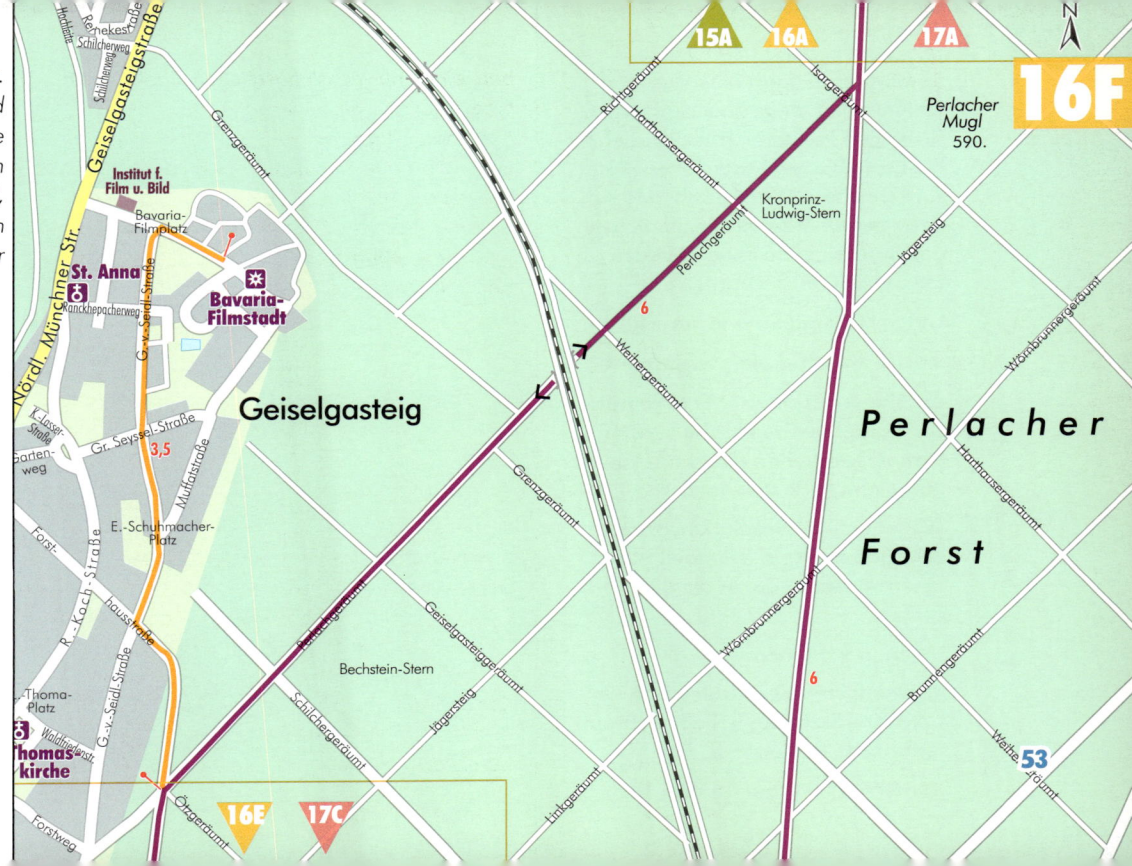

15 km — leicht

Tour 17 Perlacher Forst III

Schnurgerade führt die insgesamt 13 Kilometer lange Tour durch den schattigen Perlacher Forst. Die sehr gut asphaltierten Wege führen bis zum Gasthaus Wörnbrunn, das zu einer gemütlichen Rast einlädt. Sehr gute Kombinationsmöglichkeiten mit den Touren 15 und 16.

Länge: 15 km (hin und zurück)

Start & Ziel: Parkplatz Fasangarten

Anfahrt & Rückfahrt: Mit dem Auto. Der Parkplatz Fasangarten bietet Parkmöglichkeiten direkt am Eingang zum Perlacher Forst

Wegequalität: Gesamtkategorie sehr gut. Im Wald eventuell auf Verschmutzung durch die Bäume achten

Verkehr: verkehrsfrei

Schwierigkeit: Ein leichtes Gefälle bzw. eine Steigung bei der Bahnunterführung im Forst

Kombinierbar: Tour 15 und 16

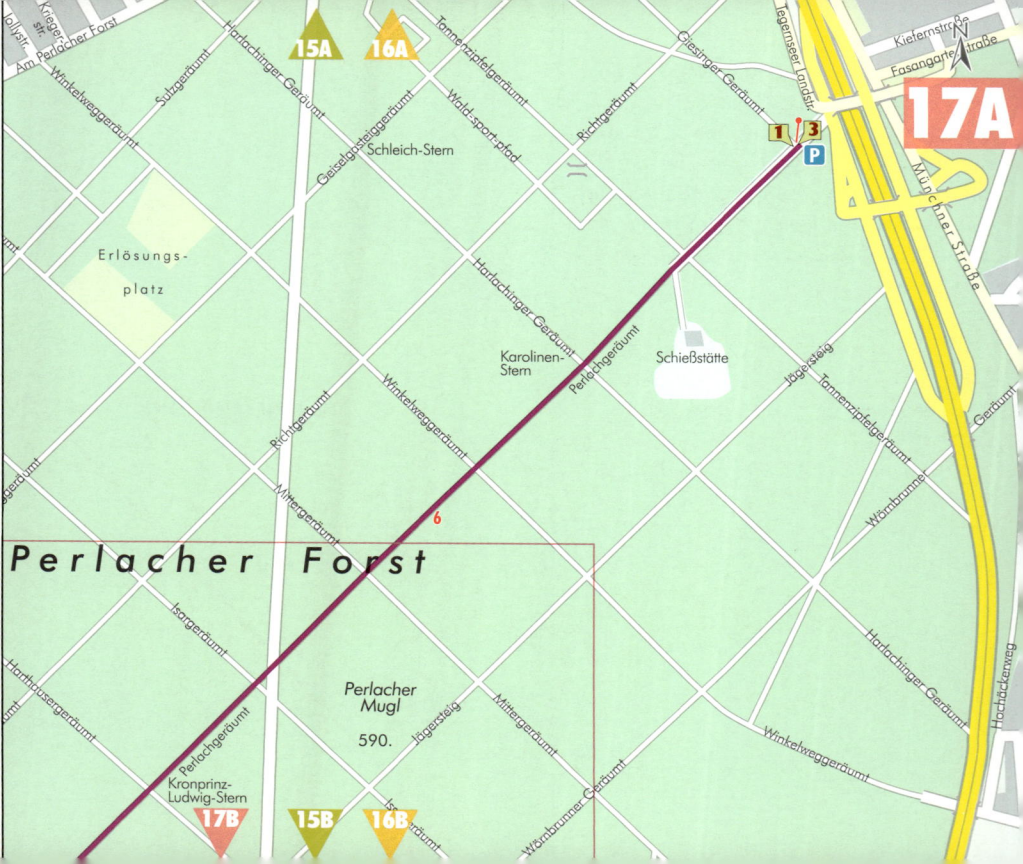

1 Parkplatz Fasangarten 0 km

Start der Tour ist der Parkplatz Fasangarten ∼ schnurgerade führt der asphaltierte Weg durch den Perlacher Forst ∼ rund 5 Kilometer lang geht es pfeilgerade auf dem Weg **Perlach geräumt** dahin ∼ unter der Bahnlinie hindurch, Achtung hier ein leichtes Gefälle und eine leichte Steigung.

An der Kreuzung mit dem glatt asphaltierten Weg nach links ∼ nach rund 1,5 Kilometern ist Wörnbrunn erreicht.

2 Wörnbrunn 7,5 km

Mehr über das Gasthaus Wörnbrunn erfahren Sie auf Seite 51.

Auf demselben Weg geht es wieder zurück.

3 Parkplatz Fasangarten 15 km

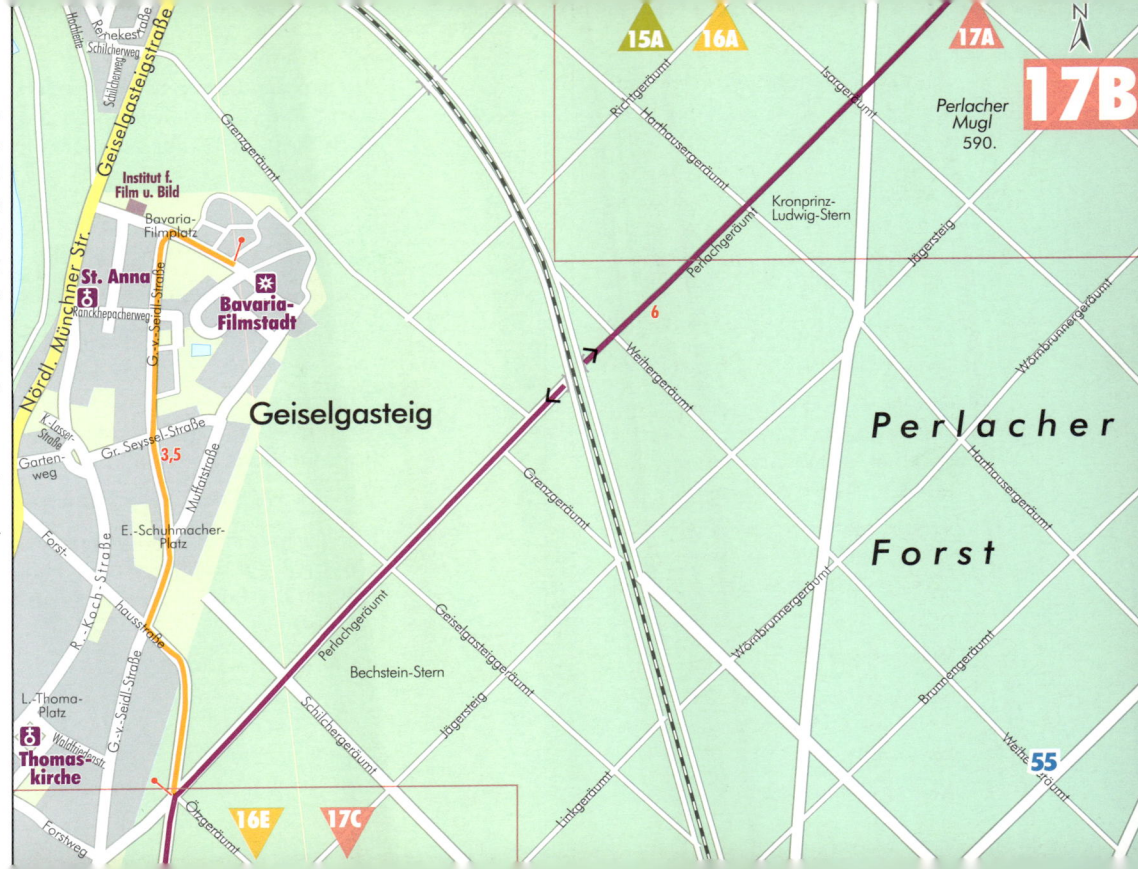

17C

Grünwalder Forst

12 km
mittel

Auf gut asphaltierten Wegen führt diese rund 12 Kilometer lange Tour vom S-Bahnhof Deisenhofen über das Reitergut Laufzorn bis hinunter nach Straßlach. Hier erwartet Sie eine gemütliche Rast im hiesigen Gasthaus.

Länge: 12 km (hin und zurück)

Start & Ziel: S-Bahnhof Deisenhofen

Anfahrt & Rückfahrt: Mit der S-Bahn S 27 oder S 2 bis nach Deisenhofen. Für das Auto gibt es Parkmöglichkeiten am S-Bahnhof Deisenhofen

Wegequalität: Gesamtkategorie gut. Teilweise ist der Asphalt schadhaft. Im Wald eventuell auf Verschmutzung durch Bäume achten.

Verkehr: verkehrsarme Nebenstraßen

Schwierigkeit: Ein stetiges aber eher sanftes Gefälle nach Straßlach hinunter, auf dem Rückweg dann als Steigung. Fahrsicherheit erforderlich, da die Route hauptsächlich auf Straßen ohne Fuß- und Radweg verläuft

Kombinierbar: Tour 16

Tour 18 – Im Grünwalder Forst

18
Oberhaching
Grünwalder Forst
Deisenhofen
Laufzorn
Gorihaus
Straßlach
Oberall
Frundsberger Höhe
Hailafing
Sauschütt
Mühlweg
Tölzer Straße
Alte Oberbiberger Straße
Wörnbrunner Straße
Laufzorner Straße
Römerstraße
Schönberg
Pullacher Holz
Ziegelstadel
Reitbahn
Ödenpullach
Kreuzpullach
.600
.600
.615
.620
.645
.610
.635
630
1
2
3
6

1 Deisenhofen 0 km

Start der Tour ist der S-Bahnhof Deisenhofen ~ es geht durch die Rad-Unterführung auf die Rückseite des Bahnhofs ~ nach der Unterführung rechts an den Gleisen entlang ~ der Rad- und Fußweg führt schräg nach links zum Kreisverkehr ~ gegenüber in den Rad- und Fußweg ~ über die Wiese ~ an der **Laufzorner Straße** links ~ am Ortsrand in der Linkskurve geradeaus zum Schloss Laufzorn.

2 Laufzorn 2,5 km

In Laufzorn ist das Gut Laufzorn mit Schloss und Parklandschaft zu finden, ein Platz für Pferdefreunde. Das Reitergut beherbergt über 100 Pferde und ist mit einer großen Reithalle und einem Außenplatz ausgestattet, die Parklandschaft lädt zu entspannenden Ausritten ein.

Vor dem Schloss linksherum ~ an der T-Kreuzung im Wald nach rechts ~ hier wird der Asphalt etwas schlechter ~ die ruhige Straße fällt leicht ab, der Asphalt wird wieder sehr glatt ~ auf dem **Laufzorner Weg** nach Straßlach hinein ~ an der Hauptstraße links und gleich wieder rechts zum Gasthof.

3 Straßlach 6 km

Auf demselben Weg geht es nach Deisenhofen wieder zurück.

4 Deisenhofen 12 km

37 km

schwer

Tour 19 – Zum Deininger Weiher

Diese anspruchsvolle Tour im Süden ist vor allem für geübte Skater geeignet. Die Route verläuft hauptsächlich auf kleinen Landstraßen, auf denen nur wenige Autos verkehren. Trotzdem ist eine gewisse Übung erforderlich, um mögliche Begegnungen souverän zu meistern. Zudem gibt es eine starke Steigung zu überwinden. Die Tour führt durch Wälder, Felder und Wiesen und durch schmucke bayerische Dörfer und Ortschaften.

Länge: 37 km

Start & Ziel: Deisenhofen

Anfahrt & Rückfahrt: Mit der S-Bahn S 27 oder S 2 bis nach Deisenhofen. Für das Auto gibt es Parkmöglichkeiten am S-Bahnhof Deisenhofen.

Wegequalität: Gesamtkategorie gut. Der Asphalt ist meistens sehr schön glatt und nur in wenigen Fällen schadhaft. In den Wäldern ist die Strecke jedoch schmutzgefährdet durch Laubfall.

Verkehr: Die Skaterstrecke verläuft auf ruhigen Nebenstraßen bzw. im Ortsgebiet auf Fußwegen.

Schwierigkeit: Nur für sichere und geübte Skater geeignet. Zahlreiche Steigungs- und Gefällestrecken fordern die Fahrsicherheit ebenso wie die Tatsache, dass die Route hauptsächlich auf normalen Straßen ohne begleitenden Fußweg verläuft. Die Straßen sind jedoch wenig befahren und breit genug für Kfz-Verkehr und Skater.

Hinweis: Aufgrund der starken Steigungen beim Deininger Weiher empfehlen wir weniger geübten Skatern entweder in Großdingharting wieder zurück nach Deisenhofen zu fahren, oder aber für das Gefälle und die Steigung nicht rollendes Schuhwerk im Rucksack mitzuführen.

Kombinierbar: Tour 16 und 18

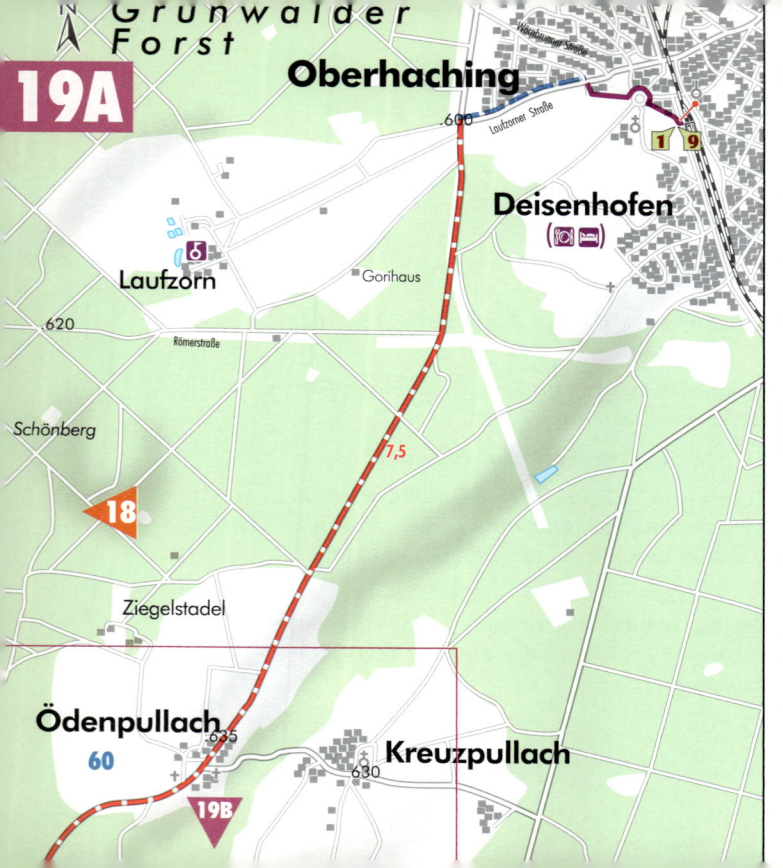

1 Deisenhofen 0 km

Start der Tour ist der S-Bahnhof Deisenhofen ~ es geht durch die Rad- und Fußgänger-Unterführung auf die Rückseite des Bahnhofs ~ nach der Unterführung rechts an den Gleisen entlang ~ der Rad- und Fußweg führt schräg nach links zum Kreisverkehr ~ gegenüber in den Rad- und Fußweg über die Wiese ~ an der **Laufzorner Straße** links ~ dann links nach Großdingharting und Ödenpullach ~ in den Wald hinein ~ schnurgerade nach Ödenpullach.

Tipp: Der Asphalt der Straße ist hier manchmal fehlerhaft. Autos verkehren hier, aber die Straße ist breit, gerade und übersichtlich.

An der Vorfahrtsstraße in **Ödenpullach** rechts ~ nach Großdingharting hinein.

Tipp: Auf dieser Straße ist je nach Wochentag und Tageszeit schon mal etwas mehr los, wegen der Breite aber immer noch übersichtlich.

2 Großdingharting 7,5 km

Im Ort auf der Deisenhofener Straße weiter ~ dann links in die **Gleißentalstraße** Richtung Deininger Weiher.

Tipp: Achtung, es folgt ein ganz starkes Gefälle. Nur für Profis möglich, alle anderen sollten hier auf normales Schuhwerk umsteigen.

Steil bergab mit einer 40-km/h-Beschränkung ~ unten liegt der Deininger Weiher, ein Badesee mit einem angeschlossenen Restaurant.

3 Deininger Weiher 9 km

Die Straße führt wieder steil den Berg hinauf ~ geradeaus durch **Holzhausen** hindurch ~ weiter nach Eulenschwang ~ direkt vor dem Ortseingangsschild von Eulenschwang rechts ab.

4 Eulenschwang 12 km

Bei der nächsten Möglichkeit gleich wieder rechts nach Aufhofen ～ bergab in Kurven durch den Wald ～ auf Höhe vom **Gasthof Jägerwirt** in Aufhofen links in den **Kirchweg**.

5 Aufhofen 14,5 km

Bei der nächsten Möglichkeit wieder links im spitzen Winkel in die **Eglinger Straße** ～ beim Vorfahrt achten rechts ～ nach einem guten Kilometer an der Hauptstraße links.

Tipp: Achtung auf den hier stärkeren Verkehr.

Nach der Bushaltestelle rechts nach Thanning abzweigen ～ nach Thanning geht es mit einem Gefälle hinein.

6 Thanning 16 km

Nach der Brücke links in den **Weiherweg** ～ mit einer Linkskurve wieder aus dem Ort hinaus ～ beim Vorfahrt achten rechts weiter bergauf ～ an der Gärtnerei vorbei ～ in den Wald hinein.

Tipp: Im Wald gibt es einen leichten Anstieg.

Geradeaus über die Stoppstraße ～ kurz vor **Neukolbing** noch im Wald nach links ～ wieder tiefer in den Wald hinein.

19C

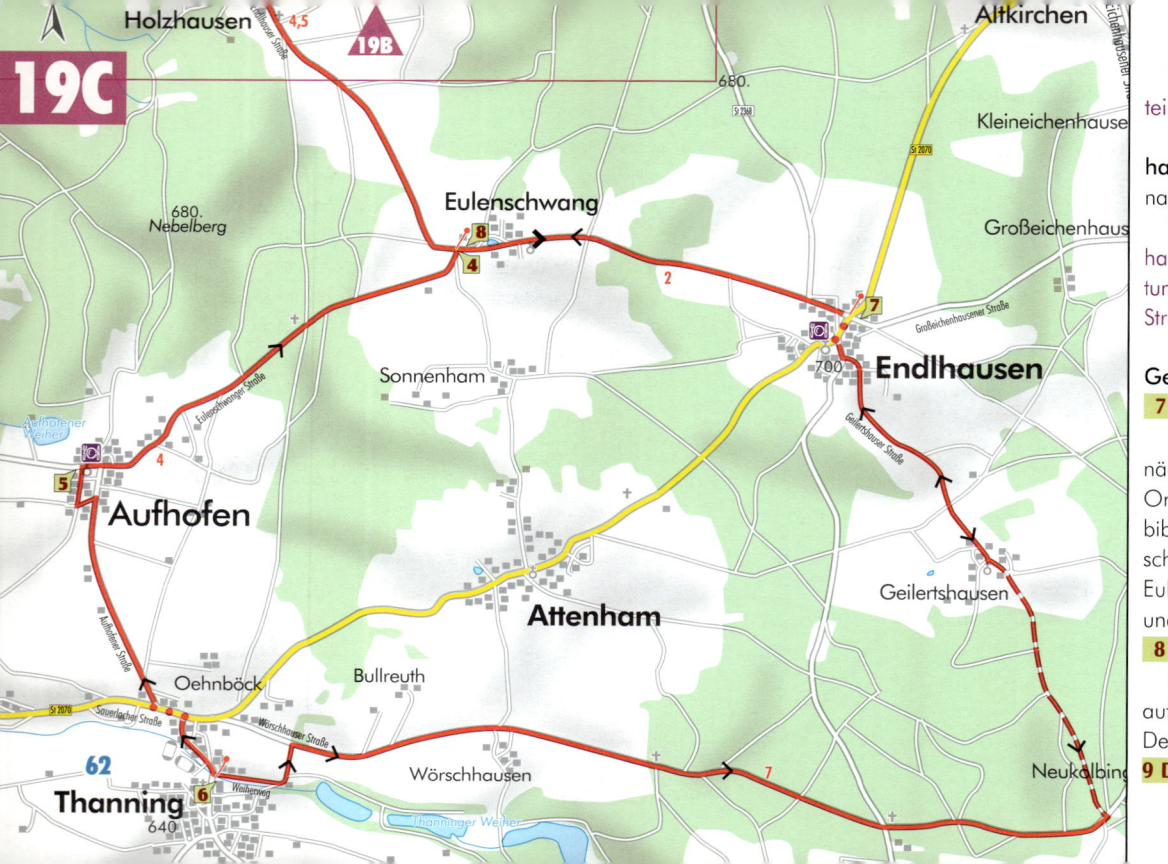

Tipp: Auf diesem Stück ist die Straße teilweise ausgebessert.

Durch die schmucken Höfe von **Geilertshausen** ↝ auf einer schöne Allee geradeaus nach Endlhausen.

Tipp: Zwischen Geilertshausen und Endlhausen ist die Straße recht schmal, also Achtung, wenn Sie von Autos überholt werden. Die Straße ist jedoch sehr ruhig.

Hügelig geht es nach Endlhausen ↝ auf der **Geilertshauser Straße** in den Ort.

7 Endlhausen 23 km

An der Vorfahrtsstraße rechts ↝ an der nächsten Vorfahrtsstraße erneut rechts ↝ im Ort linksherum Richtung München und Oberbiberg ↝ am Ortsende dann links nach Eulenschwang ↝ die kleine Asphaltstraße führt nach Eulenschwang ↝ nach dem Wald leicht hinauf und dann etwas stärker bergab in den Ort.

8 Eulenschwang 25 km

Geradeaus weiter nach Holzhausen und auf demselben Weg nun wieder zurück nach Deisenhofen.

9 Deisenhofen 37 km

21 km

leicht

Tour 20
Durch die Pupplinger Au

Die wohl klassischste Skater-Tour Münchens ist die Pupplinger Au im Süden der Stadt. Östlich der Isar erstreckt sich das idyllische Augebiet, das von hervorragend asphaltierten Wegen durchzogen wird. Kulturell und kulinarisch werden Sie auf dieser Tour bestens versorgt: das Städtchen Wolfratshausen, ein Biergarten zu Beginn der Au und einer an derem Ende und zu guter Letzt noch das barocke Kloster Schäftlarn.

Länge: 21 km (hin und zurück)

Start & Ziel: Wolfratshausen

Anfahrt & Rückfahrt: Mit der S-Bahn S 7 nach Wolfratshausen. Mit dem Auto parken Sie am besten direkt bei der Pupplinger Au

Wegequalität: Gesamtkategorie sehr gut. Der Asphalt ist sehr schön glatt und herrlich zu befahren

Verkehr: Die Skaterstrecke verläuft im Ortsgebiet von Wolfratshausen auf Fußwegen, dann auf asphaltierten Forstwegen und ruhigen Nebenstraßen

Steigungen: eine leichte Steigung bzw. Gefälle

1 Wolfratshausen 0 km

PLZ: 82515; Vorwahl: 08171

- **Stadtverwaltung**, Marienplatz 1, ☎ 2140
- **Heimatmuseum**, Untermarkt 10, ☎ 214-412, ÖZ: Mo-Fr 13-16 Uhr. Im Heimatmuseum kann man sich über die Geschichte von Wolfratshausen informieren.
- **Märchenpark Wolfratshausen**, Kräuterstr. 39, ☎ 18760, ÖZ: Ostern-Mitte Okt., tägl. 9-18 Uhr. Der Märchenwald ist der größte in Europa mit über 20 beweglichen Märchengruppen wobei die Märchen wahlweise auf Englisch oder Deutsch erzählt werden. Außerdem gibt es noch eine Achterbahn, Karussells, Rutschen, Schaukeltiere, usw.

Wolfratshausen wurde erstmals 1003 unter dem Namen „wolveradeshusun" in einer Urkunde von König Heinrich

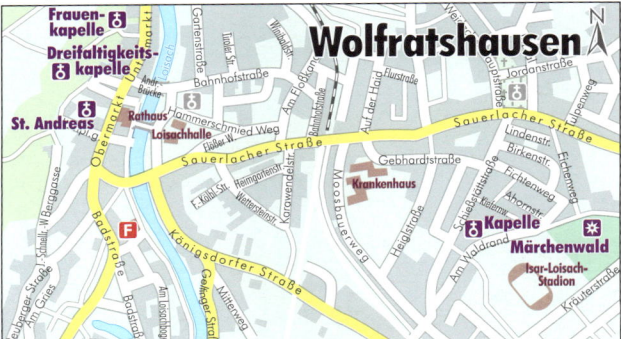

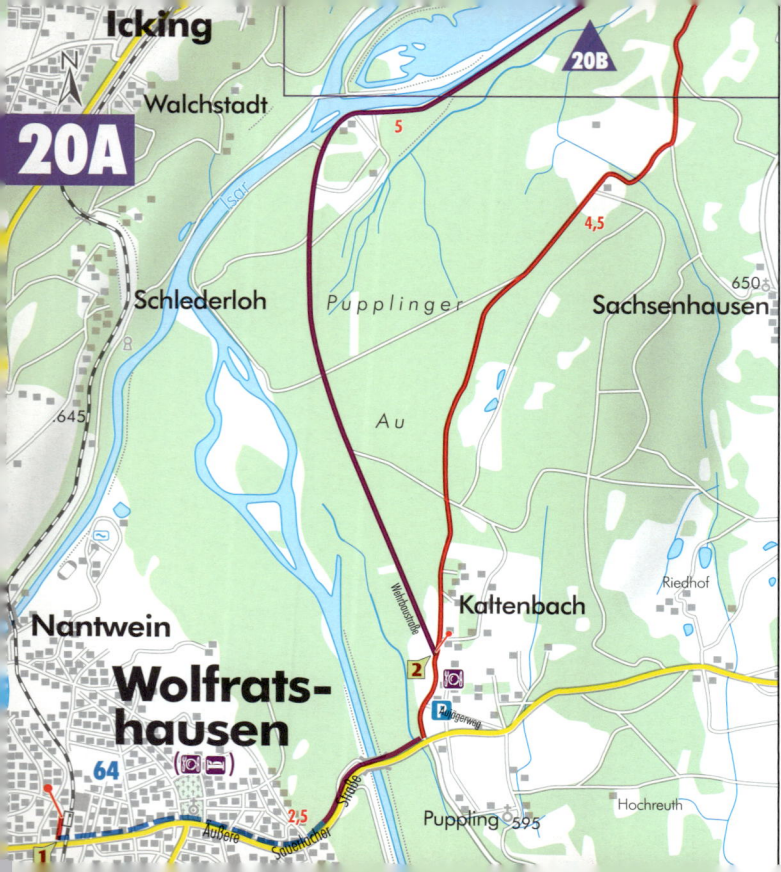

II. erwähnt. 1280 wurde der Ort, der sich im Schutz einer Burg befand, zur Mark erhoben. Bereits ab dem 15. Jahrhundert nutzten die Bewohner von Wolfratshausen die Flüsse Loisach und Isar zur Beförderung. 1734 wurde die Burg bei einem Gewitter vollkommen zerstört. 1961 erfolgte die Ernennung zur Stadt, daraufhin begann die Stadt kontinuierlich zu wachsen. Heute ist Wolfratshausen eine moderne Stadt mit einem regen Vereinsleben in die nicht nur gerne die Besucher der Pupplinger Au kommen.

Start der Tour ist der Bahnhof Wolfratshausen ~ vom Bahnhof nach links in den Rad- und Fußweg (Linienverkehr frei) ~ an der Hauptstraße links auf den Fußweg ~ am **Friedhof** vorbei ~ über die Isar ~ gleich nach dem Fluss links ab nach Puppling ~ am **Gasthaus** vorbei.

2 Pupplinger Au/Kaltenbach 2,5 km

Die Pupplinger Au umfasst das Gebiet entlang der Isar zwischen Wolfratshausen und Geretsried. Hier haben selten gewordene Tierarten Zuflucht gefunden, wie zum Beispiel der Eisvogel. Die Wildflusslandschaft entstand, als vor etwa 12.000 Jahren ein riesiger, durch einen Gletscher entstandener See auslief. Heute kommen immer mehr Erholungssuchende in die nahe bei München liegende Pupplinger Au.

Tipp: An Samstag, Sonn- und Feiertagen ist die Straße für den Kfz-Verkehr gesperrt. Dann haben Radfahrer und Skater freie Fahrt.

Die Straße teilt sich kurz darauf ~ links weiter auf der Wehrbaustraße, einer Forststraße ~ mitten durch die Pupplinger Au zur Aumühle.

3 Pupplinger Au/Aumühle 7,5 km

Bei der Aumühle dann geradeaus weiter ~ am Kanal entlang ~ an einer etwas größeren Straße links auffahren ~ in einem Linksbogen über die Brücke hinüber und zum Kloster Schäftlarn.

4 Kloster Schäftlarn 11 km
PLZ: 82069; Vorwahl: 08178

Kloster Schäftlarn mit Klosterkirche St. Dionys und Juliana. Die Ausstattung der Klosterkirche zählt zu den hervorragendsten Arbeiten des bayerischen Rokoko.

Im Jahr 762 gründete der Priester Waltrich im Isartal ein Benediktinerkloster, das er dem Hl. Dionysius weihte. Dieses Kloster übergab er dem Bischof von Freising. Nach der Zerstörung während der Ungarneinfälle gründete Bischof Otto I. von Freisng 1140 das Kloster neu und richtete ein Prämonstratenserpriorat ein. Gegen Ende des 16. Jahrhunderts wurde das Kloster zur Abtei erhoben, in der Folge der Säkularisation im Jahr 1803 als Kloster aufgelöst. Erst 1865 konnte König Ludwig I. dem Benediktinerorden den Klosterbesitz übergeben, der das Klosterleben wiederbelebte. Seit den ersten Jahren des 20. Jahrhunderts befindet sich im Kloster Schäftlarn neben der Abtei ein humanistisches Gymnasium und ein Internat.

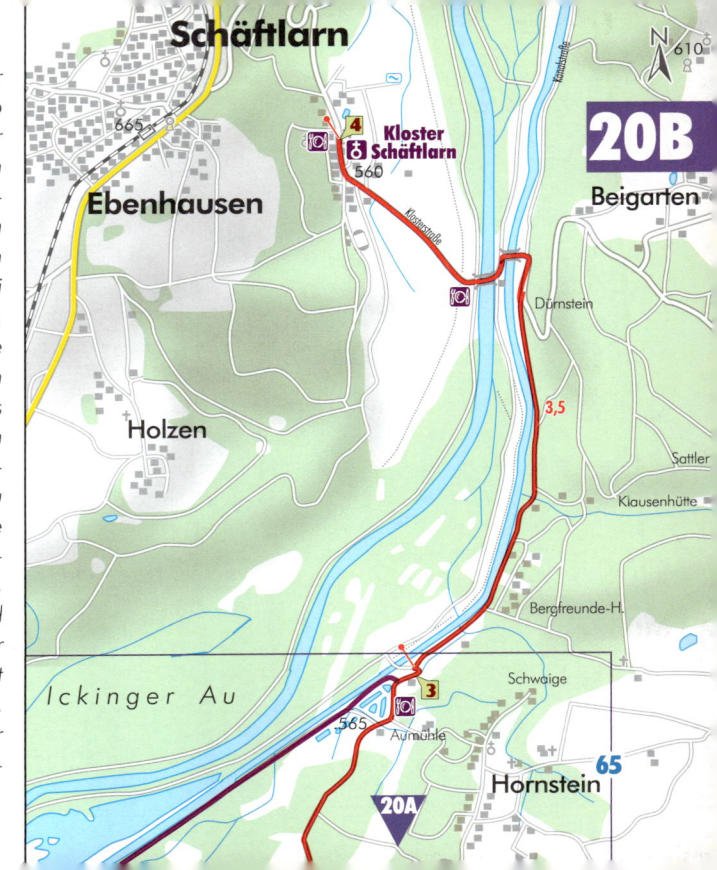

Die Architektur des Klosters und der Klosterkirche entstand während der knapp 60 Jahre dauernden Bauphase unter der künstlerischen Federführung der vier, im Oberbayern des 18. Jahrhunderts, bedeutendsten Baumeister. Das Kloster wurde in den Jahren 1702-1707 nach den Plänen des Münchener Hofbaumeisters Giovanni Antonio Viscardi (1645-1713) errichtet. Der Bau der barocken Klosterkirche wurde 1733 zunächst nach Plänen des Wallonen Francois Cuvilliés der Ältere begonnen. Aus kriegsbedingten finanziellen Engpässen mussten die Arbeiten 1740 vorläufig eingestellt werden. Erst 1751 wurde der Bau fortgeführt, allerdings nun unter der Regie von Johann B. Gunetzrhainer. Die abschließende Gestaltung der Wandpfeilerkirche, die 1760 eingeweiht werden konnte, wird seinem Schwager Johann M. Fischer (1691-1766) zugeschrieben. Auffällig ist der kühle, höfische Charakter der Kirche. Zwölf Jahre nahm die Innenausstattung der Kirche in Anspruch, die zu den herausragendsten Beispielen bayerischen Rokokos zählt. Das Fresko der Kuppel im Hauptraum (1754-56) mit einer Darstellung der Gründung des Prämonstratenserklosters und das Fresko des Chors mit einer Darstellung der Verleihung des Skapuliers an den Hl. Norbert stammen von Johann Baptist Zimmermann (1680-1758), ebenso wie der fein gearbeitete Rocaillenstuck. Die Kanzel und die Altäre (1755-1764) wurden von Johann Baptist Straub (1704-1784) gefertigt.

Vom Kloster wieder zurück ~ auf dem Fußweg neben der Straße zur Isar hin ~ über die Isar und den Isarwerkkanal hinüber ~ danach rechts ~ dann in die erste Straße im Wald wieder rechts ~ am Isarwerkkanal entlang mit einer leichten Steigung und einem leichten Gefälle ~ in **Aumühle** links halten auf einer kleinen Asphaltstraße bis nach Puppling ~ an der Hauptstraße rechts und auf dem Fußweg nach Wolfratshausen zurück.

 5   **Wolfratshausen 21 km**

20 km

mittel

Tour 21 – Entlang des Wörthsee

Ziel der Tour ist der Wörthsee. Im Sommer ist er ein beliebter Badesee mit zahlreichen Restaurants und Wassersportmöglichkeiten. Rad- und Fußwege und ruhige Asphaltstraßen ermöglichen eine beinahe komplette Umrundung des Sees mit Inline-Skates. Über Steinebach und Walchstadt rollen Sie bis nach Bachern und von hier aus auf selber Strecke wieder zurück zum Ausgangspunkt.

Länge: 20 km (hin und zurück)

Start & Ziel: Güntering

Anfahrt & Rückfahrt: Mit der S-Bahn S 5 nach Seefeld-Hechendorf. Für Ihr Auto gibt es beim Bahnhof einen Parkplatz.

Wegequalität: Gesamtkategorie gut. Der Asphalt ist meistens sehr schön glatt, außer einem kurzen Stück geflickten Asphalts.

Verkehr: Die Skaterstrecke verläuft auf ruhigen Nebenstraßen bzw. im Ortsgebiet auf Fußwegen und Anliegerstraßen.

Schwierigkeit: Nur für geübtere Skater empfehlenswert, da es neben einigen leichten Auf und Abs auch eine starke Steigungs- bzw. Gefällestrecke gibt. Außerdem verläuft die Tour teils auf normalen Straßen, die zwar wenig Verkehr aufweisen, aber doch Fahrsicherheit voraussetzen.

1 Güntering 0 km

Startpunkt ist der **Bahnhof Seefeld-Hechendorf** in Güntering ~ vom Bahnhof aus nach rechts ~ an der Vorfahrtsstraße, der **Günteringer Straße**, nach links ~ Zone-30-Gebiet, es geht leicht hinauf ~ die Straße ist recht breit, es gibt aber auch einen schmalen Gehsteig ~ an der Hauptstraße rechts auf den Fußweg, teilweise asphaltiert, teils gepflastert ~ am Ortsende beginnt ein gut asphaltierter Rad- und Fußweg.

⚠ Achtung es geht steil bergab ~ unten angelangt an der Querstraße nach rechts ~ die ruhige und breite **Wörthseestraße** führt nach Steinebach ~ beim **Campingplatz** ist der Asphalt etwas geflickt, die Straße steigt leicht an ~ nach dem Wald ist der Asphalt wieder hervorragend ~ leicht bergab ~ in Steinebach immer auf dieser Straße bleiben ~ es geht in einem Linksbogen Richtung Walchstadt.

2 Steinebach 5 km

Immer in Ufernähe ~ leicht hinauf ~ nach einem Linksbogen führt die Hauptstraße rechts hinauf ~ hier links leicht hinunter weiter in Seenähe ~ die kleine Anliegerstraße führt zu einem Gasthof ~ mit einem Rechtsbogen vom See weg ~ an der Straßengabelung rechts und an der etwas größeren Straße links nach Bachern.

3 Bachern 10 km

Von Bachern aus geht es auf gleichem Weg zurück nach Güntering.

4 Güntering 20 km

Tour 22 Von Dachau zum Waldschwaigsee

18,5 km — *mittel*

Das schmucke Städtchen Dachau am nördlichen Rand von München ist der Ausgangspunkt der Tour. Herrlich glatte Asphaltsträßchen geleiten Sie an Biergärten vorbei quer durchs Langwieder Moos zum romantisch gelegenen Waldschwaigsee. An warmen Tagen Badesachen nicht vergessen.

Länge: 18,5 km (Rundtour)

Start & Ziel: Dachau

Anfahrt & Rückfahrt: Mit der S-Bahn S 2 nach Dachau. Wenn Sie mit dem Auto anreisen, dann empfiehlt es sich, Ihr Fahrzeug im Wohngebiet rund um die Langwieder Straße am südlichen Ortsende stehen zu lassen.

Wegequalität: Gesamtkategorie gut. Der Asphalt ist sehr schön glatt, kurze Wegstücke sind jedoch schlecht asphaltiert. Die Wege rund um den Waldschwaigsee sind unbefestigt, der See kann daher nur zu Fuß erreicht werden.

Verkehr: Die kleinen Landstraßen weisen praktisch keinen Verkehr auf. Nur im Stadtgebiet begegnen Ihnen mehr Autos.

Schwierigkeit: Eine gewisse Fahrsicherheit ist empfehlenswert aufgrund der Fahrt durch Dachau. Die Straßenüberquerungen und die Teilstücke auf normalen Straßen ohne Fußweg sind nicht optimal für Einsteiger geeignet. Steigungen kommen hingegen nicht vor.

Kombinierbar: Tour 8

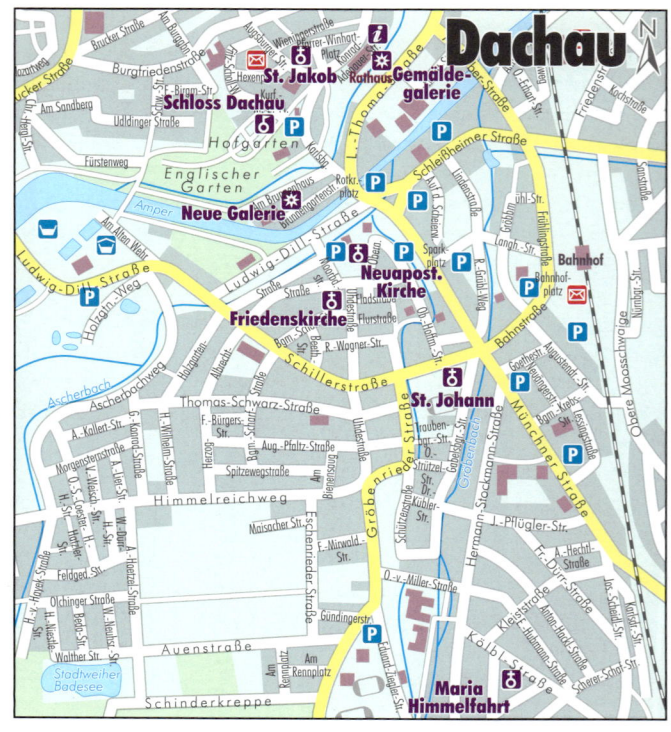

1 Dachau 0 km

PLZ: 85221; Vorwahl: 08131

- **Fremdenverkehrsverein**, Konrad-Adenauer-Str. 2-6, ✆ 75149
- **Bezirksmuseum**, Augsburger Str. 3, ÖZ: Mi-Fr 11-17 Uhr, Sa/So 13-17 Uhr. Im Bezirksmuseum kann man auf drei Stockwerken die Kulturgeschichte der Stadt Dachau nachvollziehen. 1933 wurde das Museum mit dem Bayrischen Museumspreis ausgezeichnet.
- **St. Jakob**, Konrad-Adenauer-Straße. Die Pfarrkirche wurde im 17. Jh. an Stelle der alten gotischen Kirche erbaut. In der Kirche im Stil der Spätrenaissance sind das Altarbild (1816), der Taufsteindeckel (1675) und die Apostelfiguren (1625) besonders sehenswert.
- **Schloss Dachau**, Schlossstr. 2, ✆ 87932, ÖZ: Mai-Sept., Sa/So 14-17 Uhr. Das Schloss Dachau ist aus einer Burg im Besitz der Grafen von Dachau errichtet worden. Unter Wilhelm IV. und Albrecht V. wurde die Burg von 1546-77 zu einer mächtigen Vierflügelanlage ausgebaut, die der bevorzugte Landsitz des Münchener Hofes wurde. Max Emanuel ließ das Schloss im barocken Stil umbauen. Heute ist nur mehr der westliche Teil des Schlosses zu sehen, da nach der französischen Besatzung aus Geldmangel drei Flügel abgerissen wurden.
- **Dachauer Gemäldegalerie**, Konrad-Adenauer-Str. 3, ✆ 567516, ÖZ: Mi-Fr 11-17 Uhr, Sa, So/Fei 13-17 Uhr. In dieser Gemäldegalerie sind vor allem Landschaftsbilder berühmter Maler, wie zum Beispiel von Christian Morgenstern, Eduard Schleich, Ludwig Dill und Arthur Langhammer, ausgestellt.
- **Neue Galerie**, Brunngartenstraße 5, ✆ 567517 ÖZ: Mi-So 13-17 Uhr. Die Neue Galerie zeigt hauptsächlich Werke der zeitgenössischen Kunst wie z. B. Skulpturen, Malerei und Fotografie. Für junge und auch international renommierte Künstler ist die Neue Galerie in Dachau ein begehrter Ausstellungsort.
- **Ludwig-Thoma-Haus**. Ludwig Thoma lebte von 1867 bis 1921. Der Rechtsanwalt hatte die erste Kanzlei in Dachau. Er war einer der bedeutendsten bayrischen Dichter und schrieb Werke wie „Lausbubengeschichten" oder „Die Moral".
- **Amt für Kultur, Fremdenverkehr und Zeitgeschichte**, Konrad-Adenauer-Str. 1, ✆ 84566

Startpunkt ist der Bahnhof in Dachau ⤳ links vom Bahnhof weg ⤳ auf dem Gehweg bis zur **Münchner Straße** hier links ⤳ rechts in die **Hermann-Stockmann-Straße** schnurgerade Richtung Süden ⤳ rechts in die **Eduard-Ziegler-Straße** ⤳ links in die **Langwieder Stra-**

ße, eine Spielstraße ↝ von der Spielstraße am Stadtende links abbiegen ↝ immer geradeaus ↝ linker Hand beginnt ein gut asphaltierter Rad- und Fußweg ↝ dieser endet kurz vor der Rechtskurve ↝ unter der Unterführung hindurch ↝

⚠ **Tipp: Achtung der Asphalt ist hier kurzfristig sehr holprig.**

Danach rechts ab in den **Waldschwaigweg** ↝ am Biergarten, dem Waldschwaigstüberl vorbei ↝ am **Gündinger Weg** rechts auf die hervorragend asphaltierte Straße abbiegen ↝ beim Umspannwerk rechts in die **Hadinger Straße** ↝ in der Linkskurve der Straße geradeaus zum Waldschwaigsee.

Tipp: Die Wege rund um den See sind nicht asphaltiert.

2 Waldschwaigsee 8,5 km

Vom Waldschwaigsee wieder zur **Hadinger Straße** zurück ↝ geradeaus am Umspannwerk vorbei ↝ vor der Brücke links und dann parallel zur Autobahn auf herrlich glattem Asphalt ↝ der **Lippweg** stößt auf die **Silberstraße**, hier links ↝ an der T-Kreuzung rechts, der Asphalt ist etwas holprig ↝ ins Wohngebiet hinein ↝ über eine Querstraße ↝ weiter geradeaus auf dem **Föhrenweg** ↝ dem Rechtsverlauf der Straße folgen ↝ nach dem Linksbogen an der Querstraße links halten ↝ die Straße im Zone-30-Gebiet ist breit und gut asphaltiert ↝ an der Bahnlinie entlang aus **Karlsfeld** hinaus.

⚠ **Tipp: Gleich nach Ortsende weist die Straße drei hintereinanderfolgende Kopfsteinpflasterstreifen auf, die das Fahrvergnügen kurzfristig bremsen.**

Schnurgerade geht es nach Dachau zurück ↝ wieder durch die Unterführung mit schlechterem Asphalt ↝ nach dem Linksknick auf den Rad- und Fußweg ↝ an der **Gröbenzeller Straße** endet der Radweg ↝ geradeaus weiter auf der **Moosstraße** ↝ an der **Langwieder Straße** rechts ↝ auf demselben Weg durch Dachau wieder zurück zum Bahnhof Dachau.

3 Dachau 18,5 km

7,5 km *leicht*

Tour 23 Oberschleißheim-Runde

Ausgangspunkt ist das beeindruckende Schloss Schleißheim, ein Besuch lohnt auf jeden Fall. Glatte und ruhige Asphaltstraßen umrunden dann das Gelände des Flugplatzes. Landschaftlich ist die Strecke nicht sehr idyllisch, skatetechnisch gesehen aber optimal, da der glatte Asphalt auch noch von kompletter Steigungsfreiheit unterstützt wird.

Länge: 7,5 km (Rundtour)

Start & Ziel: Oberschleißheim/Schloss Schleißheim

Anfahrt & Rückfahrt: Der S-Bahnhof Oberschleißheim (S 1) ist etwas entfernt vom Schloss Schleißheim. Komfortabler reisen Sie hier mit dem Auto an, rund um das Schloss finden Sie verschiedenste Möglichkeiten, das Auto zu parken. Am besten eignet sich der Parkplatz beim Biergarten. Dazu fährt man auf der Effnerstraße durch das Schlossgelände hindurch.

Wegequalität: Gesamtkategorie sehr gut. Der Asphalt ist sehr schön glatt und kaum schmutzgefährdet. Nur ein kurzes Teilstück weist etwas holprigeren Asphalt auf.

Verkehr: Auf den ruhigen Nebenstraßen gibt es praktisch keinen Verkehr.

Schwierigkeit: Keine Steigungen und das geringe Verkehrsaufkommen auf den breiten, gut asphaltierten Straßen zeichnen die Tour auch als Einsteigertour aus.

Schloss Oberschleißheim

1 Oberschleißheim 0 km

PLZ: 85764; Vorwahl: 089

Gemeindeamt, Freisinger Str. 15, ✆ 3156130

Flugwerft Schleißheim, Effnerstr. 18, ✆ 315714-0, ÖZ: Mo-So 9-17 Uhr. Die Flugwerft Schleißheim ist eine Außenstelle des Deutschen Museums. Man kann die historischen Gebäude, den Flugplatz, über 50 Flugzeuge, Hubschrauber, Hängegleiter und noch einiges mehr besichtigen.

Altes Schloss, Sakrale Kunst aus 60 Ländern, ÖZ: Di-So 10-17 Uhr. Besucher des Alten Schlosses können eine Zweigstelle des Bayrischen Nationalmuseums (Sammlung Weinhold – Zeugnisse der Volksfrömmigkeit und Ausstellung zur Landeskunde von Ost- und Westpreußen) besichtigen.

Neues Schloss, Prunkräume des Barock und Gemäldegalerie, ÖZ: Di-So 10-12.30 Uhr und 13.30-16 Uhr. Im Neuen Schloss ist die Staatsgalerie Europäischer Barockmalerei der Bayrischen Staatsgemäldesammlungen mit zahlreichen international bedeutenden Werken untergebracht.

Schloss Lustheim, Meißener-Porzellan-Sammlung, ÖZ: Di-So 10-12.30 Uhr und 13.30-16 Uhr.

Hofgarten, ÖZ: Mai-Aug., 8-20 Uhr, Sept., 8-19 Uhr, Okt., 8-18 Uhr, Nov.-April, 8-17 Uhr. In der barocken Gartenanlage sind die drei Schleißheimer Schlösser eingebettet.

Oberschleißheim ist aufgrund seiner drei

23 Oberschleißheim

Schlösser bekannt. Sie befinden sich im Hofgarten der 77,5 Hektar groß, und einer der wenigen unverändert erhalten gebliebenen Barockgärten in Deutschland ist. Im Hofgarten ist auch noch ein ausgedehntes Kanalsystem zu finden das der Bewässerung, dem Transport von Baumaterial und den Spazierfahrten der höfischen Gesellschaft diente. Das „Alte Schloss" war ursprünglich ein Herrenhaus welches Kaiser Maximilian I. zu einer Schlossanlage umbauen ließ in dem nun einheimische und italienische Bauelemente zu finden sind. Das „Neue Schloss" wurde auf Wunsch des Kurfürsten Max Emanuel, nachdem er zum Generalstatthalter der spanischen Niederlande ernannt worden war, erbaut. Die Grundsteinlegung erfolgte 1701, jedoch wurden die Bauarbeiten nach einem Bauunglück und dem Exil des Fürsten (1704-14) eingestellt. Erst 1756 wurden die Arbeiten wieder aufgenommen. Das Schloss wurde unter der Leitung von Joseph Effner fertiggestellt.

Letztendlich ist in Oberschleißheim noch das **Schloss Lustheim** zu finden. Dieses Jagd- und Gartenschloss wurde aufgrund der Vermählung des Kurfürsten Max Emanuel und der Kaisertochter Maria Antonia errichtet. Es hatte seine Prunkzeit im 17. Jahrhundert als viele Tanzveranstaltungen und Feste auf dem Schloss abgehalten wurden. Heute werden alle drei Schlösser für Ausstellungen genutzt.

Startpunkt ist das **Schloss Schleißheim** vom Parkplatz aus zur **Effnerstraße** links einbiegen ⤳ an der Straßengabelung rechts weiter auf der **Ferdinand-Schulz-Allee** ⤳ linker Hand blickt man auf die **Flugwerft Oberschleißheim**, eine Außenstelle des Deutschen Museums ⤳ immer dem Straßenverlauf folgen ⤳ um den Flugplatz herum ⤳ vor dem **Autobahnring** beschreibt die Straße einen Linksbogen ⤳ ein Stück entlang der A 99.

2 Autobahn A 99 4 km

Dann wieder links den gelben Radschildern folgen ⤳ nach **Hochmutting** ⤳ auf diesem Teilstück ist der Asphalt etwas schlechter ⤳ hinter Hochmutting beginnt ein Rad- und Fußweg, sehr schön asphaltiert, der direkt bis zum Schloss zurückführt.

3 Schloss Schleißheim 7,5 km

Tour 24 – Zum Speichersee

18,5 km — *mittel*

Auf gut asphaltierten Wegen skaten Sie vom Bahnhof Ismaning zum Speichersee. Am BMW-Versuchsgelände und dem hohen Damm des Speichersees entlang und weiter auf ruhigen Landsträßchen durch Wiesen und Felder.

Länge: 18,5 km (Rundtour)

Start & Ziel: Ismaning

Anfahrt & Rückfahrt: Mit der S-Bahn S 8 nach Ismaning. Ihr Auto können Sie in Bahnhofnähe in Ismaning parken.

Wegequalität: Gesamtkategorie gut. Der Asphalt ist meistens sehr schön glatt und nicht schmutzgefährdet, teilweise jedoch etwas fehlerhaft.

Verkehr: Die Skaterstrecke verläuft auf ruhigen Nebenstraßen bzw. im Ortsgebiet auf Fußwegen.

Schwierigkeit: Fahrsicherheit ist erforderlich, da die Route auf normalen Straßen ohne Fußweg verläuft. Steigungen kommen nicht vor.

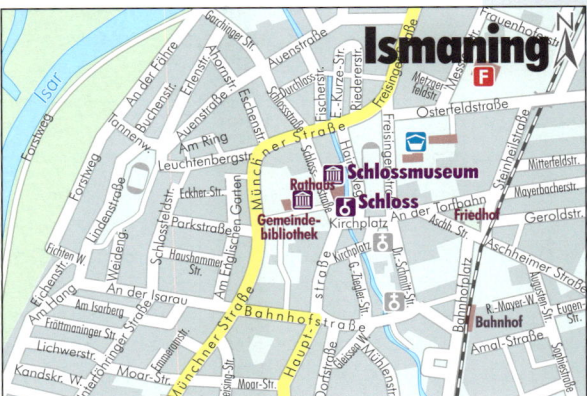

1 Ismaning 0 km

PLZ: 85732; Vorwahl: 089

- **Tourist-Info Grafing**, Marktpl. 13, ☎ 08092/84100
- **Schlossmuseum im Kutscherbau**, Schlossstr. 4, ☎ 9609000, ÖZ: So 14-15 Uhr u. n. V.
- **Kallmann-Museum**, Schlossstr. 3b, ☎ 9612948, ÖZ: Di-So 14.30-17 Uhr. Das Museum bietet wechselnde Ausstellungen, Lesungen sowie eine Dauerausstellung die sich mit dem Maler Hans Jürgen Kallmann befasst.
- **Galerie im Schlosspavillon**, Schlossstra. 1, ☎ 966852, ÖZ: Mi-Sa 15-18 Uhr. In wechselnden Ausstellungen sind Werke diverser Künstler zu besichtigen.

Die erste urkundliche Erwähnung von Ismaning stammt aus dem Jahr 809 und hing mit einem Rechtsstreit zusammen. Lange Zeit gehörte Ismaning zu Freising bis die Grafschaft von Yserrain gegründet wurde. Daraufhin waren die Bewohner des Dorfes freisingische Untertanen. 1530 wurde der Ismaninger Landsitz der Haushaimer von Bischof Philipp zu einem Renaissanceschloss umgebaut,

Der Speichersee

woraufhin die Grafschaft von Yserrain in die Reichsgrafschaft Ismaning geändert wurde. Während des 30-jährigen Krieges wurde ein großer Teil das Dorfes zerstört, gleichzeitig wütete die Pest. In den Jahren 1802-03 kam es zur Säkularisation woraufhin die Bürger frei wurden und mit Hilfe eines Bürgermeisters begannen, den Ort selbst zu verwalten. Es kam zum teilweisen Verfall des Schlosses bis Eugen Beauharnais und Auguste Amalie das Schloss übernahmen womit der Zerstörung Einhalt geboten wurde. Nachdem Auguste gestorben war, wechselte das Schloss einige Male die Besitzer bis es schließlich wieder Eigentum der Stadt Ismaning wurde.

Startpunkt ist der Bahnhof in Ismaning ～ vom Bahnhof aus nach rechts ～ an der T-Kreuzung links und an der nächsten Straße wieder rechts ～ auf der **Mayerbacherstraße** aus Ismaning hinaus ～ nach der Brücke über die Bundesstraße an der ersten Abzweigung rechts ～ durch einen Hof hindurch ～ danach in die erste Straße links ～ diese, für den Kfz-Verkehr gesperrte Straße, führt bis zum Damm des Speichersees ～ an der T-Kreuzung links ～ am BMW-Versuchsgelände vorbei.

2 BMW-Versuchsgelände 3 km

Die Straße ist hier weniger gut asphaltiert ～ rechts hinter dem Deich liegt der Speichersee.

3 Speichersee 8 km

Der Speichersee entstand 1929 als die Mittlere Isar ausgebaut wurde und befindet sich am Südrand des Erdinger Mooses. Der See dient nun der Energiegewinnung sowie der Abwasserklärung. Zu finden sind hier viele Vogelarten wie z. B. der Sterntaucher, der Silberreiher, die Zwergmöwe und die Rostgans um nur ein paar der hier anzutreffenden Vögel zu nennen.

Neben dem Speichersee sind außerdem noch Fischteiche zu finden die den Vögeln als Brutplatz dienen.

Am Versuchsgelände entlang bis zur abzweigenden **Landshammerstraße** ～ hier nach links ～ an der **Großsenderstraße** erneut links ～ dann dem Asphaltband in einem Rechtsbogen folgen ～ noch vor der Sendeanlage links in die **Senderstraße**.

4 Sendeanlage 11 km

An der T-Kreuzung links in die **Moosstraße** ～ dem Rechtsknick und dem Linksknick der Straße folgen ～ nach einem neuerlichen Rechtsknick ist der Asphalt hervorragend, aber es sind doch ein paar Autos unterwegs, also Achtung ～ geradeaus über die Bundesstraße wieder nach Ismaning hinein.

5 Ismaning 18,5 km

Mooslüsse

24

Karlshof

Schörgenbach

zu Ismaning

Moosstraße

Sendersraße

Großenseestraße

Vorderes
Finsingermoos

490.

Goldachhof

Deller

Landsheimerstraße

An der Dorfen

Mayerbacher Straße

490.

Ismaning

Versuchsgelände

Goldach

6,5

Remisstraße

Speichersee

75

23 km — *mittel*

Tour 25 — Freisinger Seenplatte

Das historische Städtchen Freising mit seinen zahlreichen kulturellen Höhepunkten und dem lebendigen Treiben ist der Startpunkt dieser Streckentour. Nahe der Isarauen führt die Skateroute an Badeseen vorbei und auf ruhigen Asphaltstraßen bis zum Gasthof in Gaden.

Länge: 23 km (hin und zurück)

Start & Ziel: Freising

Anfahrt & Rückfahrt: Mit der S-Bahn S 1 nach Freising. Wenn Sie mit dem Auto anreisen, dann parken Sie am besten hinter dem Bahnhof bei der Isarbrücke, der Korbinianbrücke (autofrei).

Wegequalität: Die Strecke verläuft auf Fuß- und Radwegen und ruhigen, asphaltierten Nebenstraßen.

Verkehr: Wenig Verkehr. In der Stadt bleiben Sie am besten auf den Gehwegen.

Schwierigkeit: Diese Tour ist nur für verkehrssichere Skater empfehlenswert, da Sie größtteils auf normalen, auch wenn ruhigen, Straßen ohne Fußweg fahren. Es gibt eine Steigungs- und Gefällestrecke über eine Brücke.

1 Freising 9 km

PLZ: 85354; Vorwahl: 08161

Touristinformation, Marienpl. 7, ✆ 54122

Diözesanmuseum, Domberg 21, ✆ 48790, ÖZ: Di-So 10-17 Uhr. Eines der größten kirchl. Museen der Welt. Kunst aus Bayern, Tirol und Salzburg, Tafelbilder, Kunstgewerbe und Flügelaltäre des Mittelalters, Barockgalerie mit Werken bayerischer Maler des 17. u. 18. Jhs., religiöse Volkskunst, Weihnachtskrippen aus Bayern, Neapel und Tirol.

Heimatmuseum, Marienpl. 7, ✆ 54222, ÖZ: bitte bei der Touristinformation erfragen. Das Museum zeigt wechselnde Ausstellungen.

Domkirche St. Maria und St. Korbinian, Domberg 27, ✆ 1810. Die Domkirche auf dem „Lehrberg" war bis 1803 die Kathedrale der Bischöfe von Freising. Im Inneren wurde der Dom durch die Gebrüder Asam im prachtvollsten Barockstil gestaltet. In der Krypta befindet sich eines der bedeutendsten europäischen steinernen Bildwerke des Hochmittelalters, die berühmte Bestiensäule, auch die Reliquien des Hl. Korbinian werden dort aufbewahrt. Bedeutsam sind die Dombibliothek und das Diözesanmuseum. Sehenswert ist auch der 1716 von Johann Baptist Zimmermann neugestaltete spätgotische Domkreuzgang, der mit seinen zahlreichen Grabsteinen aus fünf Jahrhunderten das größte Lapidarium Bayerns darstellt.

Pfarrei St. Georg, Rindermarkt 10, ✆ 480860. Von 1314-1803 domkapitelische Pfarrei.

St. Peter und Paul. Die Kirche des ehemaligen Prämonstratenser-Klosters wurde in den Jahren 1751-56 erbaut und von Künstlern wie Johann Baptist Zimmermann, Ignaz Günther, Christian Jorhan und Franz Xaver Feichtmayer mit Deckenbildern, Hochaltarbildern und Stuckarbeiten ausgestaltet.

Fürstbischöfliches Lyzeum. In dem vierflügeligen Gebäude befindet sich ein barocker Festsaal, dessen Decke 1709 von Hans Georg Asam, dem Vater der bedeutendsten Vertreter des Bayerischen Spätbarocks, Cosmas Damian und Egid Quirin in Freskotechnik bemalt wurde. Hier ist auch das Freisinger Hei-

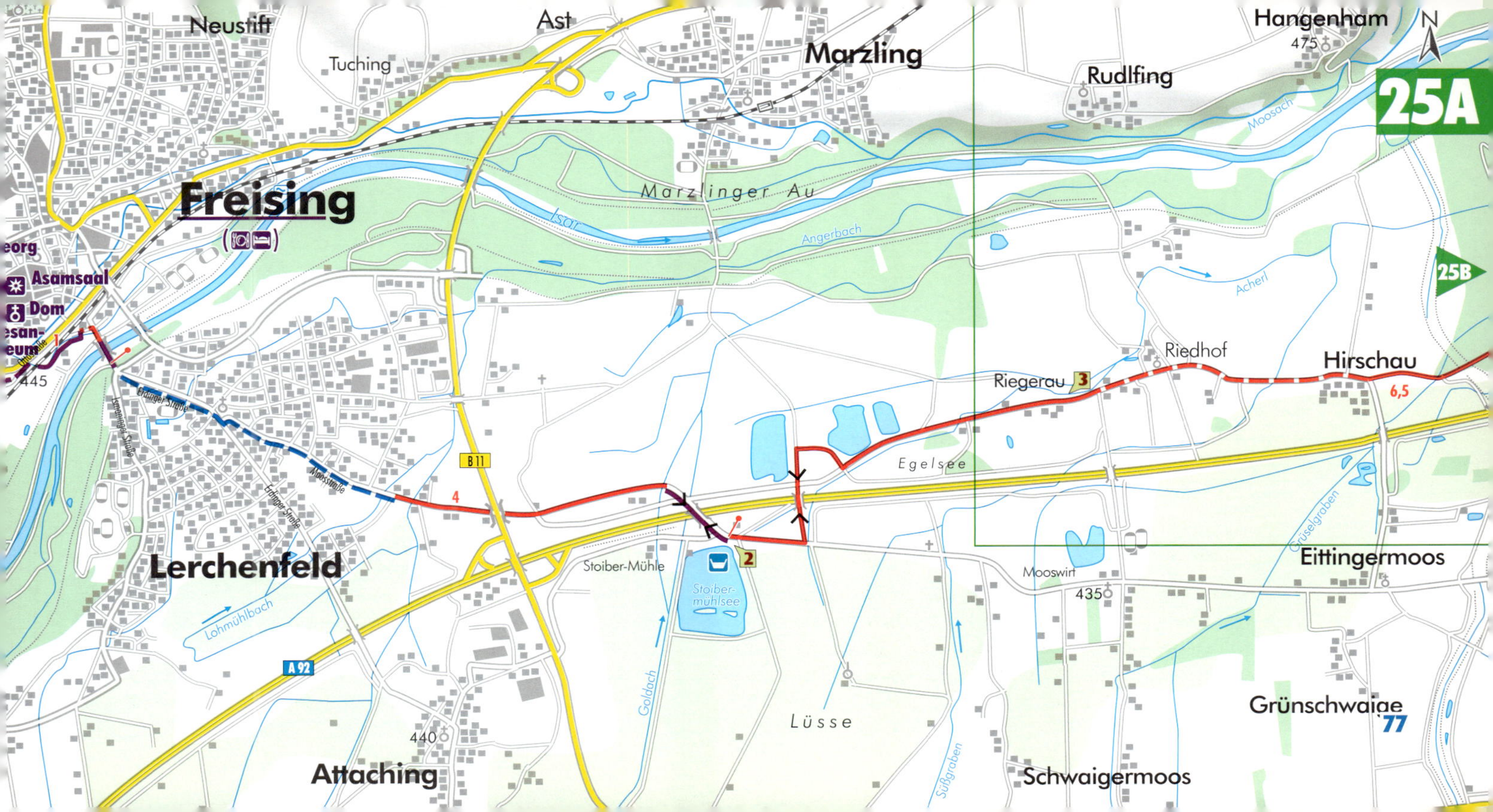
Neustift
Ast
Tuching
Marzling
Hangenham
475
Rudlfing
25A
Freising
Marzlinger Au
Isar
Angerbach
Moosach
eorg
Asamsaal
Dom
esan-
eum
445
25B
Acherl
Riedhof
Riegerau
3
Hirschau
6,5
4
B 11
Egelsee
Moosstraße
Erdinger Straße
2
Stoiber-Mühle
Stoiber-
mühlsee
Lerchenfeld
Mooswirt
435
Eittingermoos
Grüselgraben
Lohmühlbach
A 92
Goldach
Lüsse
Grünschwaige
77
440
Attaching
Süßgraben
Schwaigermoos

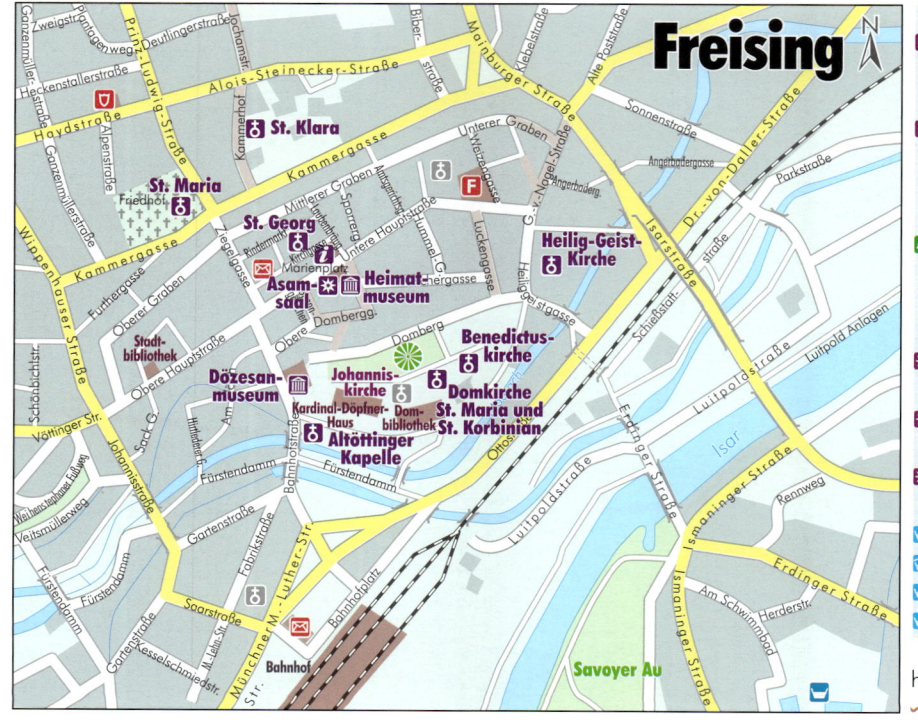

matmuseum untergebracht.

🚩 **Ruine der Asamkirche**, Weihenstephaner Südhang. 1720 erbauten die Gebrüder Asam über dem Korbiniansquell, dessen Wasser als heil- und wundertätig galt, eine Rundkirche.

🚩 **In der Historischen Altstadt** können neben den zahlreichen Kirchen der ehemaligen Bischofsstadt, die Mariensäule aus dem Jahr 1674 mit den Stadtpatronen Korbinian, Franz Xaver, Franz von Assisi und Sigismund sowie der Mohrenbrunnen am Fürstendamm aus dem Jahr 1700 bewundert werden.

♻ **Besuchergärten in Weihenstephan**, Am Staudengarten, ✆ 714026. Der Hof- und Buchsgarten auf dem Weihenstephaner Berg sind ganzjährig geöffnet, während der Oberdieck-Garten und der Staudensichtungsgarten von April-Okt. besucht werden können.

✳ **Biergärten**: Bräustüberl, Weihenstephan 1; Lerner, Vöttinger Str. 60; Plantage, Plantage 2; Lindenkeller, Veitsmüllerweg 2.

✳ **Bayerische Staatsbrauerei Weihenstephan**, ✆ 5360, Führungen auf Anfrage

✳ **Stadttouren** führt die Touristeninformation nach vorheriger Anmeldung durch, ✆ 54122.

🏊 **Freibad**, Am Schwimmbad 28, ÖZ: Mitte Mai-Mitte Sept.

🏊 **Hallenbad**, Jochamstr. 2, ÖZ: Mitte Sept.-Mitte Mai

🏊 **Badesee Stoibermühle** mit Surfmöglichkeit, Marzling

🏊 **Badesee Vöttinger Weiher**

Start der Tour ist der Bahnhof in Freising 〰 vom Bahnhof aus rechts über den Busparkplatz zur Hauptstraße 〰 rechts auf den breiten gepflasterten Rad- und Fußweg

25B

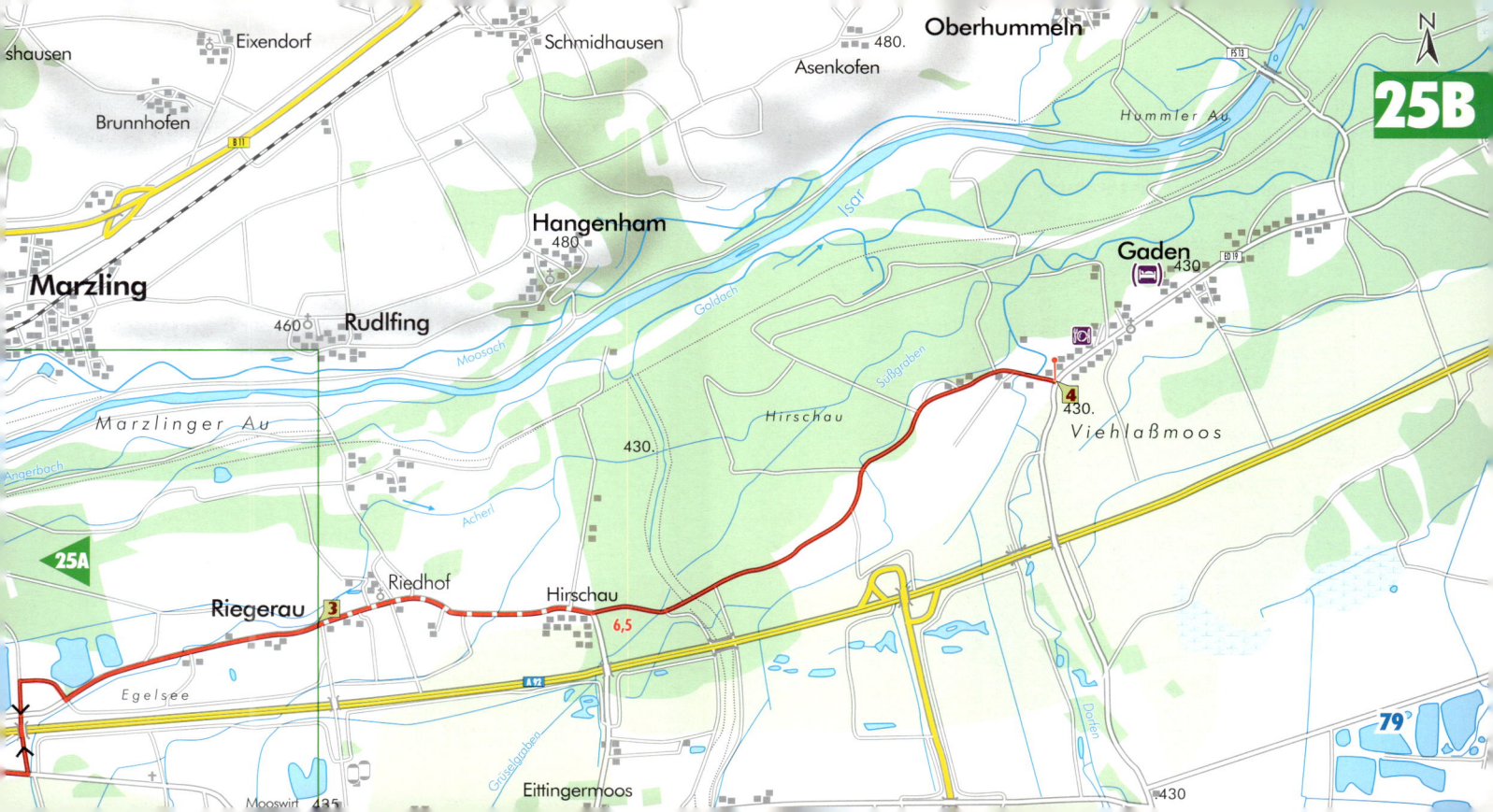

bis zur Unterführung gegenüber der Tankstelle ~ hier nach rechts weg ~ auf der anderen Bahnseite nach links ~ durch die Häuser hindurch und an der Querstraße nach rechts über die Brücke ~ über eine Querstraße und über die autofreie Isarbrücke.

Geradeaus entlang der **Erdinger Straße** weiter ~ nach der Kirche links in die **Moosstraße** ~ an der Vorfahrtsstraße geradeaus und dann gleich wieder rechts ab weiter auf der Moosstraße ~ unter der Brücke hindurch ~ über die Autobahn ~ am Bad entlang.

2 Stoibermühlsee 5 km

Dann links in die Straße nach Marzling und Riegerau ~ nochmal über die Autobahn.

Tipp: Über die Brücke Steigung und Gefälle beachten.

Gleich nach der Brücke rechts ab nach Riegerau ~ an der Querstraße nach links ~ die ruhige, gut asphaltierte Straße führt nach Riegerau.

3 Riegerau 7,5 km

In Riegerau schlechterer Asphalt ~ weiter nach Gaden ~ nach dem Abzweig nach Eittingermoos ist die Straße wieder breiter und besser asphaltiert ~ an der Vorfahrtsstraße links einbiegen ~ zum Gasthof von Gaden.

4 Gaden 11,5 km

Auf demselben Weg wieder zurück nach Freising.

5 Freising 23 km

25 km

mittel

Tour 26 — In den Amperauen

Die Tour führt ganz idyllisch durch die Amperauen. Ruhige, gut asphaltierte Landsträßchen in einem ganz flachen Flusstal eignen sich hervorragend zum Skaten. Aufpassen muss man auf der schmalen Straße gelegentlich auf die seltenen Autos.

Länge: 25 km (hin und zurück)

Start & Ziel: Langenbach

Anfahrt & Rückfahrt: Es gibt hier keinen S-Bahnanschluss mehr. Sie erreichen Langenbach jedoch mit dem normalen Nahverkehrszug. Für das Auto gibt es in Langenbach rund um den Bahnhof Parkmöglichkeiten.

Wegequalität: Gesamtkategorie sehr gut. Der Asphalt ist sehr schön glatt. Nur ein kurzes Teilstück weist etwas holprigeren Asphalt auf.

Verkehr: Die ruhigen Nebenstraßen sind verkehrsarm.

Schwierigkeit: Die Strecke ist fahrtechnisch auch für Einsteiger zu bewältigen, da keine Steigungs- und Gefällestrecken vorkommen. Eine gewisse Verkehrssicherheit sollte jedoch gegeben sein, da die Route großteils auf ruhigen Nebenstraßen ohne getrenntem Fußweg verläuft.

26A
26B
Anglberg
Weihrinnen
435.
St 2054
FS 13
Werkkanal
Unterschwang
Haun
Hagenau
Hacklschwaig
Amper
Moosmühle
Amperhof
FS 22
Ampermoos
Eichenhof
.430
2
7,5
Oftlfing
425.
Offlfinger Straße
Fuchsberg
485.
Kleinviecht
Moosburger Straße
6
1
Rast
Langenbach
Unterberghausen
Zurnhausen
Großenviecht
440.
475.
Piesing
Jaibling
450.
Oberholz
Langenbach
Oberbach
Windham
B 11
Eixendorf
Schmidhausen
Altenhausen
Goldshausen
Asenkofen
480.

1 Langenbach 0 km

Bereits in der Jungsteinzeit (5.000-2.000 v. Chr.) und in der La Tène-Zeit (500 v. Chr. bis Chr.-Geburt) besiedelt, 818 erstmals urkundlich erwähnt. Unter dem jetzigen Namen ist der Ort jedoch erst seit 1774 bekannt. In verkehrstechnischer Hinsicht war Langenbach schon immer ein wichtiger Verbindungspunkt zwischen Ober- und Niederbayern, was aber auch mit sich brachte, dass Langenbach in Kriegszeiten immer stark verwüstet wurde. Der Bau der Eisenbahnstrecke München-Landshut brachte einen Aufschwung im Verkehr. In den letzten Jahren hat die Einwohnerzahl kontinuierlich zugenommen. Heute leben beinahe 4.000 Menschen in Langenbach.

Vom Bahnhof Langenbach nach rechts auf dem Gehsteig ~ über den Bahnübergang rechts auf der **Freisinger Straße** ~ in der Linkskurve der Hauptstraße rechts und gleich wieder links in die **Eichenstraße** ~ dann rechts in die **Birkenstraße** ~ leicht bergab ~ noch vor der Hauptstraße links nach Oftlfing in die **Oftlfinger Straße** ~ immer dem Straßenverlauf der kleinen, asphaltierten Straße folgen, durch **Amperhof** nach Oftlfing.

2 Oftlfing 4,5 km

Danach geht es in den Wald, der Asphalt wird etwas schlechter ~ an der Abzweigung nach Unterberghausen ein leichtes Gefälle, die Straße wird besser ~ direkt an der Amper entlang ~ unterhalb der Hochspannungsleitungen beginnt ein Betonplattenweg.

Tipp: Wer Durst oder Hunger hat, dem bietet sich die Möglichkeit, einen Abstecher nach Zolling zu unternehmen. Ein Radweg entlang der Hauptstraße führt in den Ort.

3 Zolling 7,5 km

PLZ: 85406; Vorwahl: 08167

- **Gemeindeamt**, Rathausplatz 1, ✆ 694318
- **Wallfahrtskirche St. Ulrich**, ursprünglich war dies nur eine kleine hölzerne Wallfahrtskapelle die 1581 errichtet wurde. 1597 wurde sie durch die nun vorhandene Wallfahrtskirche St. Ulrich ersetzt.
- **Pfarrkirche**, sehenswert in der Pfarrkirche St. Johannes der Täufer sind die Figurengruppen des Flügelaltars, die Seitenaltäre sowie die Gemälde von Pilipp Greill aus dem Jahr 1750.
- **Anglberger Badesee**, der See war ursprünglich ein Kiesweiher, heute wird er im Sommer mit seinen Liegewiesen als Badesee genutzt.

Die Route führt geradeaus über die **B 301** ~ die kleine, ruhige Asphaltstraße geht weiter nach Haindlfing.

4 Haindlfing 11,5 km

Tipp: Von Haindlfing können Sie noch weiterskaten. Dazu einfach geradeaus über die Querstraße noch ungefähr 2,5 Kilometer weit. Der Asphalt ist aber nur bis zu den Häusern von Garten wirklich gut.

5 Garten 12,5 km

Spätestens, wenn die Straße steil nach Wippenhausen ansteigt empfiehlt es sich, umzudrehen, und die Strecke zurückzufahren.

6 Langenbach 25 km

Map labels

- Helfenbrunn
- Palzing
- Zolling
- Ob-
- 26B
- Moos
- Unteres Moos
- Mooswiesen
- Burghausen 465
- 440 Unterberg
- 5
- 7,5
- 4 Haindlfing
- 3
- Erlau
- Krüglsteinerhof
- Wippenhausen
- Lerchenberg
- Garten
- Esterndorf
- Feldhof
- Itzling
- 26A
- Tüntenhausen 480
- Hahnbach
- Haidberg
- Edenhofen
- Thalhausen
- Lernerhof
- Pettenbrunn
- Griesberg
- Untergartelshausen
- Zellhausen
- B 301
- 83
- Ampertshausen
- Freisinger Forst
- 470
- Waldsiedlung
- Wallfahrtskirche
- Xaverienthal
- Altenhausen 460
- Amper

10 km **schwer**

Tour 27 — Um den Seehamer See

Sattgrüne Wiesen, wogende Felder, dunkelgrüne Wälder und ein glitzernder See sind die Kulisse für diese anspruchsvolle Tour im Süden von München. Anspruchsvoll aufgrund der Steigungen und des möglichen Verkehrsaufkommens. Die Anreise ist mit dem Auto sehr gut möglich, da die Autobahn ganz in der Nähe liegt.

Länge: 10 km

Start & Ziel: Großseeham

Anfahrt & Rückfahrt: Die Anreise ist nur mit dem Auto möglich. Auf der A 8 fahren Sie Richtung Salzburg und nehmen die Abfahrt Weyarn. In Weyarn dann von der Hauptstraße links ab nach Großseeham.

Wegequalität: Gesamtkategorie sehr gut. Der Asphalt ist sehr schön glatt und nicht schmutzgefährdet.

Verkehr: Die kleinen Landstraßen weisen praktisch keinen Verkehr auf. Nur die Straße durch Großseeham hat mäßig starken Verkehr.

Schwierigkeit: Diese Tour ist aufgrund der Steigungen und des möglichen Verkehrsaufkommens nur für Könner geeignet.

Seehamer See

1 Großseeham 0 km

Beim westlichen Ortsende aus Großseeham hinaus ⌇ gleich links ab nach Kleinseeham auf einer ruhigen, gut asphaltierten Landstraße am See entlang ⌇ in **Kleinseeham** links ab nach Reichersdorf ⌇ anfangs ganz eben, dann folgt ein leichter Anstieg.

2 Reichersdorf 2,5 km

In der Ortschaft Reichersdorf links ab Richtung Großseeham ⌇ es geht stetig bergauf bis zu den Höfen Pfisterer.

3 Höfe Pfisterer 4 km

Nach den Höfen nach links ab ⌇ es geht wieder bergab.

4 Hauptstraße 5 km

Tipp: Die Hauptstraße, die zurück nach Großseeham führt ist mäßig stark befahren. Wer sich den Autoverkehr ersparen möchte und vielleicht noch nicht genug vom Skaten hat, der fährt am besten die gleiche Strecke wieder zurück.

5 Großseeham 10 km

7 km — leicht

Inmitten eines atemberaubenden Bergpanoramas führt diese 7-Kilometer-Tour am linken Rand des Schliersees entlang. Fischhausen ist mit dem Zug von München aus gut erreichbar und neben dem Skaten lässt es sich auch sonst in der Gebirgsumgebung gut erholen.

Länge: 7 km

Start & Ziel: Fischhausen

Anfahrt & Rückfahrt: Bahnanschluss in Fischhausen

Wegequalität: Gesamtkategorie gut. Der Asphalt ist glatt und kaum schmutzgefährdet.

Verkehr: Die ruhigen Nebenstraßen im Ort Fischhausen weisen nur wenig Verkehr auf. Der Weg am Ufer ist für den Kfz-Verkehr gesperrt.

Schwierigkeit: Außer den leichten Steigungen im Ortsgebiet von Fischhausen und dem kurzen Stück Kopfsteinpflaster unter der Unterführung stellt die Tour keine hohen Anforderungen an Ihre Fahrtechnik.

Tour 28 — Am Schliersee

85

28

1 Fischhausen 0 km

Startpunkt ist der Bahnhof Fischhausen ⮞ vom Bahnhof aus nach rechts ⮞ an der Straßengabelung rechts halten ⮞ auf der **Fischhauser Straße** unter der Bahnunterführung hindurch.

Tipp: ⚠ Achtung in der Bahnunterführung ist die Straße nicht asphaltiert, sondern weist Kopfsteinpflaster auf.

Bei den Häusern an der Straßengabelung rechts halten ⮞ an der nächsten Gabelung links ⮞ unten am Ufer auf den asphaltierten Weg nach links einschwenken.

2 Am Ufer 1 km

Dieser Weg führt am Ufer entlang bis nach Breitenbach.

Blick auf Schliersee

3 Breitenbach 3,5 km

Auf demselben Weg geht es dann zum Bahnhof Fischhausen wieder zurück.

4 Fischhausen 7 km

27 km *schwer*

Tour 29 — Auf dem Isar-Radweg von Bad Tölz nach Königsdorf

In der bezaubernden Isarstadt Bad Tölz startet diese anspruchsvolle Tour. Sie führt auf den Spuren des Isar-Radwegs durch die traumhafte Voralpenlandschaft: grüne Wiesen, stolze bayerische Bauernhäuser, schmucke Dörfer und gemütliche Gasthäuser.

Länge: 27 km

Start & Ziel: Bad Tölz

Anfahrt & Rückfahrt: Bahnanschluss in Bad Tölz. Der Bahnhof ist jedoch am anderen Ende der Stadt. Mit dem Auto können Sie am besten etwas außerhalb des Zentrums entlang des Isarufers parken.

Wegequalität: Gesamtkategorie gut. Der Asphalt ist glatt und kaum schmutzgefährdet.

Verkehr: Der Anfang der Tour führt verkehrsfrei auf dem Rad- und Fußweg entlang der Isar aus Tölz hinaus. Danach skaten Sie auf normalen, verkehrsarmen Landstraßen.

Schwierigkeit: Diese Tour ist nur für Könner geeignet aufgrund der zahlreichen leichten und starken Gefälle- und Steigungsstrecken. Außerdem verläuft die Route zu einem überwiegenden Teil auf normalen Straßen ohne Fußweg.

---

1 Bad Tölz 0 km

PLZ: 83464; Vorwahl: 08041

Tourist-Information, Ludwigstr. 11, ✆ 78670.

Heimatmuseum, Marktstr. 48, ✆ 504688, ÖZ: Di-Fr 10-12 Uhr und 14-16 Uhr, Do 14-18 Uhr, Sa 10-16 Uhr, So 10-18 Uhr. Das Museum widmet sich der Kunst der Kistler, die weit über die Landesgrenzen für ihre mit Verzierungen bemalten und geschnitzten Tölzer Schränke, Truhen, Wiegen, Himmelbetten und Bauernmöbel bekannt waren. Darüber hinaus widmet sich das Museum dem Brauereigewerbe von Tölz mit seinen einstmals 22 Brauereien. Neben einer Ausstellung zu religiöser Volkskunst und der Dokumentation der traditionellen Leonhardi-Fahrt finden sich zahlreiche Zeugnisse Tölzer Alltagskultur.

Stadtpfarrkirche Maria Himmelfahrt, Frauenfreithof 2, ✆ 7612-0. Die Kirche wurde 1466 gebaut und ist ein Beispiel bayerischer Spätgotik.

Mühlfeldkirche, Salzstr. 29, ✆ 76120. Zwei bedeutende Künstler des 18. Jhs., die verschiedentlich gemeinsame Projekte durchführten, zeichnen für die Erbauung und Ausgestaltung der Mühlfeldkirche verantwortlich. Der Wessobrunner Baumeister Joseph Schmutzer (1683-1752) erbaute die barocke Kirche in der Zeit zwischen 1736 und 1737. Das Deckenfresko stammt von dem Direktor der Augsburger Malerschule Matthäus Günther (1705-1788). Es erinnert an die

Tölzer Pestprozession des Jahres 1637 in die damalige Mariahilfkapelle auf dem Mühlfeld.

Leonhardikapelle, Auf dem Kalvarienberg. Die Kapelle, erbaut 1718, ist von einer Eisenkette umgürtet, die das Attribut des Hl. Leonhard, dem Schutzpatron des Viehs, ist. Jährlich führt die Tölzer Leonhardifahrt am 6. November zu einem Gottesdienst vor der Kapelle auf den Tölzer Kalvarienberg hinauf.

Evangelische Kirche, Schützenstr. 12, ☎ 761273. Altarbild von Louis Corinth und das moderne Deckengewölbe von Hubert Distler sind sehenswert.

Kalvarienbergkirche, Aufgang zum Kalvarienberg, ☎ 9477. 1726 wurde die Doppelkirche eingeweiht. Die Heilige Stiege mit ihren 28 Stufen wurde von Friedrich Nockher gestiftet. Sie ist eine Nachahmung der römischen Scala Sancta, die jene Stufen darstellt, auf denen Jesus zu Pontius Pilatus hinaufgeführt worden war. Mittelpunkt der Kirchenanlage ist das heilige Grab mit den Figuren des Joseph von Arimathia und des Nikodemus.

Franziskanerkloster, Franziskanerg. 1, ☎ 76960. Das 1624 errichtete Kloster befindet sich im Badeteil der Stadt. An den Außenwänden der Klosterkirche befinden sich Grabdenkmäler alter Tölzer Familien. Die Skulpturen entstammen zum größten Teil aus der Werkstatt des Tölzer Bildhauers Fröhlich.

Die **Tölzer Parks** laden zum Verweilen ein: Kurpark am Kurhaus, Anton-Höfter-Park, Franziskaner-Kurgarten, Streidlgarten, Rosenpark, Vollmöllerpark.

Marionettentheater, Am Schlossplatz, ☎ 74176. Gründer des weithin bekannt gewordenen Marionettentheaters war der Apotheker Pacher. Ein halbes Jahrhundert nach seiner Gründung zog das Theater 1953 an den heutigen Spielort.

Der zwischen 130 und 150 Mitglieder zählende **Tölzer Knabenchor** wurde 1956 gegründet. Einmal im Monat findet ein Konzert im Kurhaus statt.

Bauerntheater. Jeden Di um 19.30 im Kurhaus.

Blomberg. Die Blombergbahn führt auf den 3 Kilometer westlich von Bad Tölz gelegenen Berg hinauf (1.248 Meter). Fahrzeiten bei gutem Wetter Mo-So 9-16 Uhr (im Winter), 9-18 Uhr (im Sommer).

Floßfahrten können unter ☎ 08042/1220 reserviert werden.

Ballonfahrten. Infos und Anmeldung unter ☎ 77155

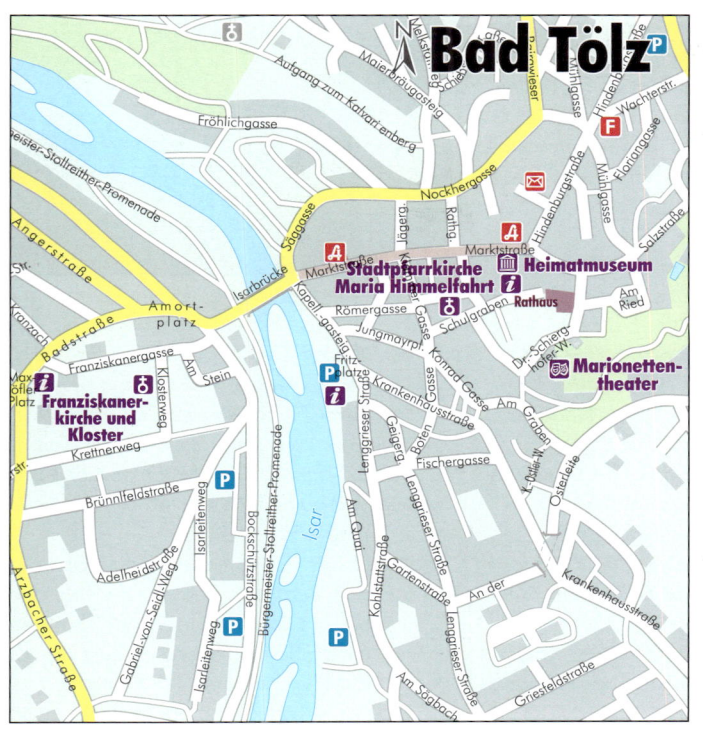

Wochenmärkte finden Mi und Fr von 8-12 Uhr auf dem Fritz- und Jungmayrplatz statt.

1160 wird Tölz als Tollenz erstmals urkundlich erwähnt. Seine Entstehung am rechten Isarufer verdankt die Stadt Bad Tölz dem Kreuzungspunkt der zwei wichtigsten Handelsstraßen des Mittelalters, der Salzstraße und der Isar mit der Isarflößerei. Die Lage begünstigte die Entwicklung des Ortes zu einem der damals bedeutendsten Warenumschlagplätze Oberbayerns, zu dessen Zentrum die Marktstraße wurde. 1281 wurde Tölz bereits als Markt erwähnt. 1331 verlieh Kaiser Ludwig der Bayer die Marktprivilegien

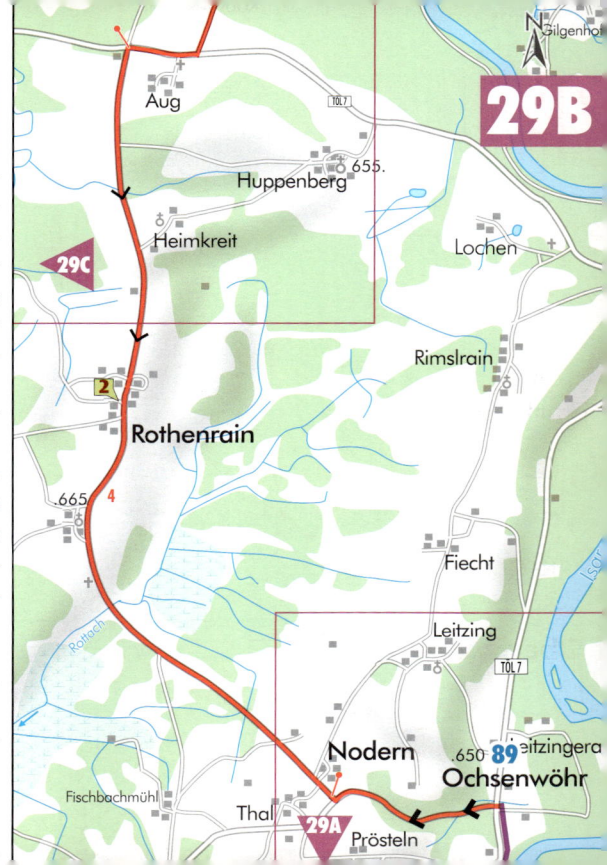

29C

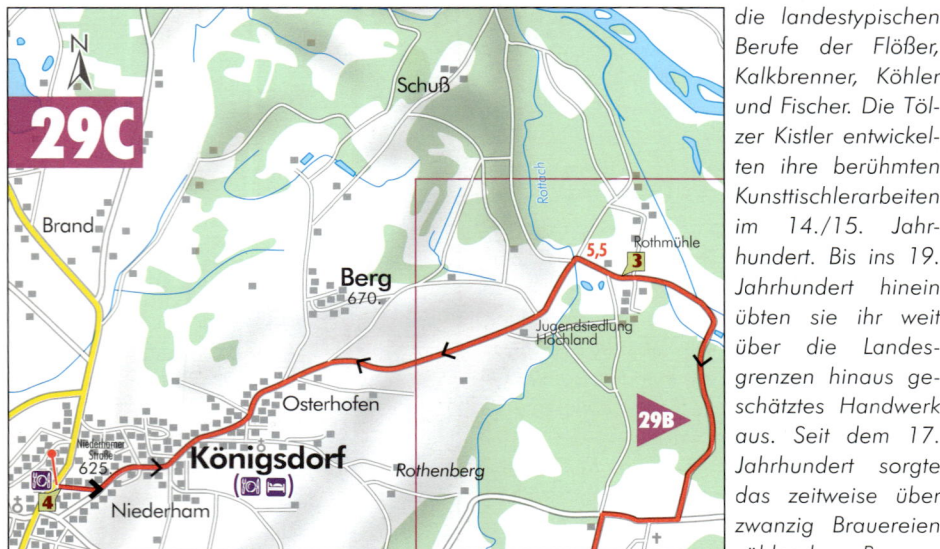

und das Bannrecht an Tölz. Erst 1906 wurde der Markt Tölz zur Stadt erhoben.

Das wirtschaftliche Leben in Tölz blieb bis ins 19. Jahrhundert weiterhin von Handel und Handwerk bestimmt. Darunter finden sich die landestypischen Berufe der Flößer, Kalkbrenner, Köhler und Fischer. Die Tölzer Kistler entwickelten ihre berühmten Kunsttischlerarbeiten im 14./15. Jahrhundert. Bis ins 19. Jahrhundert hinein übten sie ihr weit über die Landesgrenzen hinaus geschätztes Handwerk aus. Seit dem 17. Jahrhundert sorgte das zeitweise über zwanzig Brauereien zählende Braugewerbe für gewinnbringende Einnahmen. Die Tölzer Brauereien lieferten das Bier an die Klöster und Grafschaften der Umgebung, und seit dem 18. Jahrhundert auch große Mengen nach München.

Mit der Entdeckung der Jodquelle am Sauersberg im Jahre 1845 entstand am linken Isarufer der heutige Badeteil der Stadt Bad Tölz. Auf Initiative des Verlegers Karl Raphael Herder und des Tölzer Gerichtsarztes Dr. Gustav Höfler entwickelte sich bald ein beliebter Kurort. Mehr als 50 Jahre nach der Entdeckung der Jodquelle wurde dem Markt Tölz die staatliche Auszeichnung Bad verliehen.

Von Bad Tölz aus immer am linken Ufer der Isar auf dem Rad- und Fußweg gen Norden ~ parallel zum Isarstausee ~ der Radweg wird wieder straßenbegleitend ~ kurz darauf links ab nach Rothenrain und Königsdorf ~ steil bergauf ~ oben angelangt rechts nach

Rothenrain abzweigen ～ an der nächsten Straßengabelung links halten.

2 Rothenrain 7 km

In leichtem Auf und Ab skaten Sie durch oberbayrisches Hügelland ～ an der größeren Straße rechts ～ in die nächste Straße wieder links ～ durch die Jugendsiedlung Hochland.

3 Jugendsiedlung Hochland 10,5 km

Nach Osterhofen hinein ～ in **Osterhofen** geradeaus auf der **Osterhofener Straße** zum Posthotel nach Königsdorf.

4 Königsdorf 13,5 km

PLZ: 82549; Vorwahl: 08179

- **Gemeindeverwaltung**, Hauptstr. 54, ☎ 93120
- **Pfarrkirche St. Laurentius**. Die spätgotische Kirche wurde noch gegen Ende des 18. Jhs. mit Rokoko-Stuck aus der Hand des Stukkateurs Franz Doll und Fresken des Malers Christian Wink umgestaltet. Sehenswert ist die sitzende Muttergottes am Nordaltar aus dem 15. Jh.

Auf demselben Weg wieder zurück nach Bad Tölz.

5 Bad Tölz 27 km

Ortsindex

A
Ackermannstraße	20
Allach	27,29
Am Ufer	86
Aufhofen	61
Aumühle	64
Autobahn A 99	72

B
Bachern	67
Bad Tölz	87,91
Biergarten Aumeister	12
Blutenburg	25,27
BMW-Versuchsgelände	74
Breitenach	86
Buchenhain	37,39,41

C
Coubertinplatz	19,20

D
Dachau	69,70
Deininger Weiher	60
Deisenhofen	50,58,60,62
Deutsches Museum	14
Diensthütte	37,40,41

E
Eingang Westendstraß	22
Endlhausen	62
Englischer Garten	10
Eulenschwang	61,62

F
Fasaneriesee	32
Feldmoching	30,32
Feldmochinger See	30,32
Fischhausen	86
Flaucher	15
Forsthaus Kasten	36
Forsthaus Maxhof	44,45
Freising	76,80

G
Gaden	80
Garten	82
Geiselgasteig	52
Giesinger Waldhaus	47,48,50,52
Gräfelfing Friedhof	33
Großdingharting	60
Großseeham	84
Güntering	67

H
Haindlfing	82
Hauptstraße	84
Haus der Kunst	13,15
Hirschau	10
Höfe Pfisterer	84

I
Isarauen	15
Ismaning	73,74

J
Jugendsiedlung Hochland	91

K
Kaltenbach	64
Kleinhesseloher See	11,12
Kloster Schäftlarn	65
Königsdorf	91
Kugleralm	47,50

L
Langenbach	82
Laufzorn	58
Lochhamer Schlag	33

M
Max-Joseph-geräumt	45
Maximilianeum	13
Michaelibad	23,24

N
Nederlinger Straße	18
Neuried	41,44,45
Neurieder Sträßl	45

O
Oberschleißheim	71
Oftlfing	82
Olympic-Spirit	18
Olympic Spirit	19

P
Parkfriedhof	26
Parkplatz Fasangarten	55
Paul-Ehrlich-Straße	29
Planegg	36
Pupplinger Au	64

R
Reichersdorf	84
Restaurant östlicher Teil	21
Riegerau	80
Rothenrain	91

S
Schloss Nymphenburg	16,18
Schloss Schleißheim	72
Sendeanlage	74
Speichersee	74
Spielstadt Maulwurfshausen	23
Steinebach	67
Stockdorf	36
Stoibermühlsee	80
Straßlach	58

T
Thanning	61

U
Unterdill	37,41

V
Volksbad	14

W
Waldschwaigsee	29,70
Westpark	21,22
Willi-Daume-Platz	19
Wolfratshausen	63,66
Wörnbrunn	51,55

Z
Zolling	82